中外巨人传

段 玉 裁

齐 心 著

辽海出版社

图书在版编目（CIP）数据

段玉裁 / 齐心著 . — 沈阳：辽海出版社，2012.5
（2019.1 重印）
ISBN 978-7-5451-1596-3

Ⅰ . ①段… Ⅱ . ①齐… Ⅲ . ①段玉裁（1735-1815）
—生平事迹 Ⅳ . ① K825.5

中国版本图书馆 CIP 数据核字（2019）第 024841 号

责任编辑：柳海松
责任校对：顾　季
装帧设计：马寄萍
_____

出 版 者：辽海出版社
　　地　　址：沈阳市和平区十一纬路 25 号
　　邮　　编：110003
　　电　　话：024-23284473
　　E-mail:dyh550912@163.com
印 刷 者：天津海德伟业印务有限公司
发 行 者：辽海出版社
_____

幅面尺寸：165mm×230mm
印　　张：12
字　　数：132 千字
_____

出版时间：2012 年 5 月第 1 版
印刷时间：2019 年 1 月第 4 次印刷
定　　价：28.00 元

·目　录·

前　言

　　段玉裁（1735~1815）清代文字训诂学家、经学家，字若膺，号懋堂，晚年又号砚北居士、长塘湖居士、侨吴老人，江苏金坛人，龚自珍外公。乾隆举人，历任贵州玉屏、四川巫山等县知县，引疾归，居苏州枫桥，闭门读书。曾师事戴震，研究文字训诂音韵之学。

　　段玉裁祖籍原为河南省，其先祖随宋王朝南迁，落户金坛。他的曾祖父和祖父都是秀才，以农耕为主业，以读书为乐事。父亲段得莘是一位廪生，曾在镇江、扬州等地任过塾师，对子女家教甚严，望子成龙心切。雍正十三年乙卯（1735），段玉裁出生于江苏省金坛西门外大坝头村，有一姐二弟一妹，父亲虽为塾师，但收入微薄。

　　出身寒素的段玉裁，毕生铭记"不耕砚田无乐事，不撑铁骨莫支贫"的祖训，一生以著述为乐事。他博览群书，著述宏富，由经学以治小学。在小学范围内，又从音韵以治文字训诂。根基充实，深得体要。所著有《六书音均表》《诗经小学》《古文尚书撰异》《周礼汉读考》《仪礼汉读考》《汲古阁说文订》《说文解字注》及《经韵楼集》等书。《六书音均表》在顾炎武《音

学五书》和江永《古韵标准》的基础上剖析加密，分古韵为 17
部，在古韵学上是一部划时代的著作。中国当代语言学家周祖谟
认为此书"在古韵学上是一部划时代的著作"。

　　段玉裁克服重重困难，潜心注释《说文》。乾隆五十九年
(1794) 的四月，段玉裁不幸跌坏了右腿，从此成为残疾之人。当
时的段玉裁曾对友人说，"说文注"三年必有可成。可谓左丘失
明，厥有《国语》；孙子膑脚，《兵法》修列；段氏坏足，"说文
注"成。"其后健康每况愈下，盖春夏秋三季多不适，而春季尤
甚，疮烂疥烦，两眼昏花，心脉甚虚，稍用心则夜间不能安宿，
又左臂疼痛不可耐。此时段玉裁最为担心的事，是注释"说文"
能否完成，他曾对友人说，"贱体春病如故，栗栗危惧'说文注'
恐难成矣，精力衰甚，既成而死，则幸矣！" 到段玉裁注释"说
文"完成时，他又对自己的学生说，"吾以春蚕一般，茧既成，
惟待毙焉。"

　　段玉裁所著《说文解字注》问世以后，很快就赢得了崇高的
声誉，它被公认为解释"说文"的权威性著作。正如当年嘉定学
者钱大昕所说，此书出，将使海内说经之家奉为圭臬。与段玉裁
同时代的小说家王念孙也曾推崇说，自许慎之后"千七百年来无
此作矣"。

　　段玉裁在训诂学方面的卓越贡献，不仅在清代受到有关学者
的赞誉和尊重，直至今日，他的作品仍然为国内外训诂学者所推
崇。殷孟伦在《段玉裁和他的〈说文解字注〉》的文章中赞誉说，
段注"说文"的问世，标志着中国语言的研究已进入近代语言的
革命阶段，是一个划时代的里程碑。他还认为，"说文"有了段
注，才真正算作从语言角度来加以研究和阐述，"说文"对语言

和文字的作用，也才真正为人们所了解。上述这些评价，对段玉裁的《说文解字注》来说是当之无愧的。早在 20 世纪初，段玉裁的《说文解字注》就曾被译成日文，至今，日本仍有一些学术团体还在研究段玉裁的有关训诂学著述；在北美、欧洲和东南亚一些国家的汉学家们，也很关心段玉裁著作的研究情况。

本书在写作过程中，参考了丁寅生先生的《字仙段玉裁》，王双林先生的《一代朴学宗师段玉裁》、董莲池先生的《段玉裁评传》等，从中受益匪浅，在此还要向诸位先生致以诚挚谢意。

一、三世书香　十载寒窗

段氏可考之远祖叫段百三。段百三本是北宋河南人，靖康之难，建炎南渡，遂卜居金坛。此后日就月将，十五世，生有段武，这个人就是段玉裁的曾祖。

段玉裁的祖父名叫段文。段家大概从段文时起，开始定居在金坛县的大坝头村。这个居所说明段家在当时是个乡下的农家。

不过，在这个农家里，从段武到段文，父子二人却都是邑庠生。邑庠生就是县学的生员，亦即秀才。这种秀才是需要自己拿钱读书的。

段文生段世续，即段玉裁的父亲。段世续字得莘，得莘和他祖、父一样，也是秀才，所不同的是他是个邑廪生。廪生与庠生有什么不同呢？廪生每月由官府供给粮米，由有关部门供应鱼肉，用现在的话说，就是公费生。

段家祖孙三代都是读书人，因此，在当时的金坛，段家属于书香门第。但是和有些书香门第不同，段家并不是良田万顷的富户，只是普通的耕读人家。段家先人有句家训，叫做"不撑铁骨莫支贫"，刘盼遂《段玉裁先生年谱》（以下简称《年谱》）亦用"食贫"、"赤贫"二字来形容当时段玉裁父、祖的生活状况，都证明段家生活的拮据。

在科举盛行的年代里，学而优则仕，年轻人要想改变自己终生被束缚在土地上的命运，就只能走读书这条路。而在封建社会里，利禄所系，儿孙走科举之路是每个家庭的最大愿望，只要生活条件稍有可能，谁都会这样做的，段家祖上自然不能例外。可惜的是在段玉裁以前，段家的读书人在进取的路上拼搏，到头来也只争到个秀才而已，举族之中没有一个中举者。

秀才不中举，又惜着自己的满肚子学问，那就只好走村塾师这条路，因此，从段玉裁祖父开始，不中举之后，就都做了村塾师，如《年谱》上说段玉裁的祖父以"诲后进"为务，并且"不倦"，又说段玉裁的父亲段得莘"厉行授徒，严课程"，段玉裁自己在《经韵楼集》卷九《先妣梳儿铭序》中亦有"吾家故贫甚，吾祖父吾父皆以授徒为生，每岁计所入脩脯数十两以为出"云云就是证据。段家一父一子均以"授徒为生"，可是所授赚来的却是家境"贫甚"，显然他们所授徒，绝不是入主县学，只是本地或外地的书塾。《年谱》上说段得莘"馆于镇江、扬州"，是说段得莘曾在外地做教书先生。

村塾师的地位低卑自是不待言的了，但在知识的占有上却胜过普通的耕种人家，这种占有使他有条件课子，致令书香门祚不衰。

段玉裁的外祖名史铭，史铭和段玉裁的祖父一样都是邑庠生。这一身份说明段玉裁的外公家也是书香门第。所以，段玉裁出生之后，浓浓的书香便从内外把段玉裁包笼定了。

段玉裁是在清世宗雍正十三年乙卯（1735）出生的，他是段家的长孙，这决定要由他来薪传段家的三代书香。

段玉裁出生的第二年，历史的车轮转到乾隆元年（1736），这一重大的社会变故使段玉裁有机会赶上乾隆盛世，成就他大师的美名。

从五岁起，小玉裁就跟从爷爷段文开始习文学字，爷爷教他读《三字经》《百家姓》和《千家诗》。小玉裁一学就懂，一读就会。

一日午后，两只小山羊在屋东的芳草地上吃着青草，六只白鹅在门前不远的小池塘里浮水而游。段文夹着《论语》正准备去书房教书。小玉裁拉住爷爷的长衫："爷爷，看，鹅，鹅，好玩。"

爷爷见小孙子这样喜欢鹅，想起了"初唐四杰"之一的骆宾王，便俯下身子对孙子说："玉裁啊，很早很早的时候，浙江有个小孩名叫骆宾王，他六岁的时候，看到一群白鹅在水上游来游去，就随口说出了一首诗，真聪明！""骆宾王说的什么诗？"小玉裁问。爷爷就把这首儿童诗背给小孙子听：鹅，鹅，鹅，曲项向天歌。白毛浮绿水，红掌拨清波。小玉裁听后，眨了眨眼说："爷爷，我也会做诗。"

"真的，你也会作诗？"

"是啊。"

"好，你说一首诗给爷爷听听。"

"说什么好呢？"

段文见有两只山羊，说："玉裁，你就说说这羊吧。"

玉裁用小手抓了抓头，走近一只山羊，从羊头一直摸到羊尾，仔细看了看羊角和羊须，眨着小眼想了一会，脱口便吟哦起来："羊，羊，羊，年少美髯长。头生龙子角，身着白衣裳。"

"好，好！骆宾王六岁做诗，你五岁就能指物吟诗。小玉裁

啊，你可真是个小玉才！"段文说罢，一把抱起孙子，乐得用胡子
搔他的小脸蛋，用手搔他的胳肢窝。小玉裁浑身痒兮兮的，笑了
好久才缓了过来。

奶奶见了，急得说："得莘他爹，快放下，小孙子痒得不难
过么！"

"爷爷也是山羊胡子，爷爷也是山羊胡子。"小玉裁抓住爷爷
稀疏的胡须说。

段文放下玉裁："快，我要去书房教书了。"

"不么，爷爷，我还要问你，这'羊'字为什么要这样写？"

"古人就是这样写的，今人就这么写呗。"

"那上面两点一横是什么？"

"那是羊头和羊角。"

"下面两横呢？"

"那是羊的四条腿。"

"那一竖呢？"

"那是羊的身子和尾巴。"

"呃——两点是羊角，那还有点像，两点下面的一横怎么能说
是羊头呢？"

"哎，我要教书去了，回家再同你说。"

"不么，不么！"小玉裁死死地拽住爷爷的长衫不让他走。

"好，好，告诉你。今天的字体是楷书，而汉朝以前是篆体。"
段文说罢，回屋拿笔写了一个篆体"羊"字，"你看，这字像不
像'羊'？"

"嗯，是像'羊'。"玉裁点了点小脑袋。

"这是象形文字。"爷爷说。

"什么叫象形?"

"'象形'就是字的样子像我们看到的东西的形状。这是我们中国文字的造字方法中的一种。"

"那什么叫文字呢?"小玉裁问。

"独体为文,合体为字。"

"哪些才是合体字?"

"'羊'字下面加个'大'字,就是合体字。"

"'羊'字下面加个'大'字,不是'美'字吗?"

"对,是'美'字呀!"

"为什么'羊'加'大'就是'美'字呢?"

"羊子大,就肥美啊。这是会意字。"

"……"

妈妈不等儿子再往下问,一把抱过小玉裁:"不要老缠住爷爷了,爷爷有事。"

段文书法精湛,所著《书法心得录》早已闻名遐迩。这年夏天,段文从书橱里取出了柳公权的书法拓本,教小玉裁临帖写字。段文授课很严。他在一个小酒盅里盛满了水,放在玉裁握笔的拇指和食指之间,严厉地说:"身要坐正,腰要挺直,笔要握紧,虎口里的这盅水不能落下一滴。每天要写三十个字。写字,要方方正正地写;做人,要堂堂正正地做。中国人要写好中国字。知道了吗?"

"知道了,爷爷!"

一连几天,五岁的小玉裁俨然像个书生,默默地伏在家中桌子上,一点一横、一撇一捺地认真写字。

六岁那年春天,玉裁像个小尾巴似地跟着爷爷去书房正式读书了。《三字经》《千家诗》对小玉裁来说，他早已经倒背如流了。段文因材施教，让孙子"跳级"，直接让他读《论语》和《诗经》了。

段文只要教一遍，小玉裁便默默记住，很快就能背给爷爷听：子曰："岁寒，然后知松柏之后凋也。"子曰："质胜文则野，文胜质则史。文质彬彬，然后君子。"子谓颜渊曰："用之则行，舍之则藏。唯我与尔有是夫？"

一天放学回家，小玉裁捧起《诗经》读了起来。他觉得《诗经》读起来比《论语》悦耳好听，韵味无穷。他坐在东墙边大青磐石上，摇头晃脑地诵读起来："硕人其颀，衣锦褧衣。手如柔荑，齿如瓠犀。巧笑倩兮，美目盼兮。"

他对"褧"字的音义不解，皱起了眉，连忙跑回家问爷爷："爷爷，这个字读什么，是什么意思呀？"

爷爷正在看阅唐代李鼎祚写的《周易集解》，见孙子来问学，当然要诲之不倦，便放下手中的书，看了一眼玉裁用小手指着的那个字，尔后从书橱里取出了许慎的《说文解字》，"这本书是中国最早的一本用部首法查字的字典。写这本书的是东汉时河南郾城的人，叫许慎，字叔重，他是有名的经学家、文字学家。在那时，凡是读书之人都说'五经无双许叔重'，是他对九千三百五十三个汉字作了解释。要读懂古经，非读这本书不可。不过，这本书对字的读音和意思说解得还不够全，过于简单。但它毕竟是一本好书。爷爷今日教会你掌握《说文》的部目，这就好像钥匙。有了这把钥匙，就能识遍天下字，读尽天下书。""爷爷，快告诉我怎样查字吧！"爷爷翻开"说文部目"，手把手地教了起来。小玉裁按爷爷教的查字法，很快查到了那个字。原来是女人罩在外面的单衣。

从此以后，小小年纪的玉裁就学会了查字典。《说文解字》陪伴着他走上了研究中华汉字的漫长的人生旅途……

玉裁七岁那年九月，秋风萧瑟，冷雨霏霏，爷爷段文不幸病逝。第二天黄夜，祖母凤英也相随而去。两口黑漆薄棺并行搁在堂屋正中，家人披麻戴孝，哭声一片。七岁的小玉裁手抚爷爷的灵柩恸哭着："我的好爷爷，你快醒醒吧，快起来教我读书，教我写字……"

二老去世后，得莘、士模兄弟二人抚柩送灵。段曹两家晚辈们全身缟素。段文和曹凤英在世时，为人厚道，乐于助人，村民们也纷纷前来送葬。在一片哀哭声中，二老安葬在村西北的土丘上。段得莘为二老办丧事借银二十两，段家的日子更为困窘了，五口之家的生活还要支撑着过下去。

第二年阳春三月，桃红柳绿，麦苗青青，油菜花一片橙黄。小玉裁吵着要跟父亲去常州连江桥学馆读书。段得莘说："你还小，明年爹爹带你去读书。你在家一边把《论语》和《孟子》温习温习，一边帮你妈做点事。"玉裁嘟哝着嘴失意而去。段玉裁的母亲史夫人说："家里的事有我一人就行了，还是让玉裁跟你去读书吧。早点读书，日后早点有出息。"段得莘想想也是，终于答应了。

毗陵连江桥学馆是个读书的好地方。三进屋宇，四围有墙，中有一口古井和一棵高大的银杏树。

清早，学馆的书房里、廊道上、古井边、银杏下，莘莘学子们抱卷晨读，书声琅琅。有读《三字经》的，有读《论语》的，有读《后村千家诗》的，有读《孟子》和《大学》的。

段得莘教学严谨，学生的背书需一个一个地过堂。每次授课，得莘先生都是先教其他蒙童，把自己的儿子安排在最后。段得莘把玉裁叫到面前，问："《宪问篇》温习过了吗？""温习过了。""背给我听。""宪问耻，子曰：'邦有道，谷；邦无道，谷，耻也。邦有道，危言危行；邦无道，危行言孙。'"父亲接着问："这段话的意思是说什么？"小玉裁咬了咬嘴唇，说："原宪问什么是可耻。孔夫子说：'国家有道，施行仁政，你可以做官，拿俸禄；如果国家无道，不施行仁政，你还做官，拿薪水，那就是可耻了。国家有道，可以直言直行；国家无道，仍旧可以直行，但说话要随和谨慎。'"段得莘闭目颔首，又说道："'子张问仁于孔子'一段，背给我听。"玉裁一气呵成："能行五者于天下，为仁矣。恭、宽、信、敏、惠。恭则不侮，宽则集众，信则人任焉，敏则有功，惠则足以使人。"段得莘问："孔子说的恭宽信敏惠，是什么意思？""孔夫子说：恭，就是庄重的意思；一个人庄重，就不会受到侮辱。宽，就是宽厚；一个人宽厚，就能得到众人的拥护。信，就是守信；一个人守信用，就能得到别人的信任。敏，就是勤快；一个人勤快，就能取得成功。惠，就是恩惠；一个人施舍恩惠，就能更好地使唤别人。"

父亲见儿子如此聪明，喜上眉梢。便又问："《诗经》是我国第一部诗歌的总集。孔老夫子是如何评价《诗经》的呢？"玉裁答道："《诗》三百，一言以蔽之，曰：思无邪。《关雎》乐而不淫，哀而不伤。《诗》，可以兴，可以观，可以群，可以怨；迩之事父，远之事君；多识于鸟兽草木之名。兴于《诗》，立于礼，成于乐。不学《诗》，无以言。""孔子说的'兴观群怨'是什么意思？"玉裁略一思忖，答道："兴，是说《诗经》对人有启发鼓舞的感染作用，可以激发志气；观，就是说《诗经》可以提高人观察世间的能力；群，是说可以培养合群的思想，起到互相感化互相提高的教化作用；怨，是说批评邪恶的言行。爹爹，我说得对吗？""对，对，你说得完全对。"

父亲从玉裁手中拿过《论语》，放在手中掂了掂，说："《论语》是我国儒家学派的一部经典著作，主要是记录孔子和他的学生言行的书。""孔子是怎样一个人？"玉裁问。"孔子是我国春秋时鲁国人，也就是今天山东曲阜人，离现在已有两千多年了。孔夫子被历代尊为圣人。宋朝开国宰相赵普道：半部《论语》治天下。孔子教人如何做人，如何治天下。玉裁啊，你读了《论语》，可知道孔子思想的核心是什么？也就是孔子最重要的一个思想观点是什么？""不知道。"玉裁坦然地说。"学而不思则罔。学习要和思考结合起来。读书要学会归纳，方得要旨。能背诵，能用现在的话翻译古文，这还只是学了《论语》一书的皮毛。""爹爹，那你说，孔子思想的核心是什么呢？""你想想，孔老夫子说'孝悌也者，其为仁之本与'是何意思？'志士仁人，无求生以害仁，有杀身以成仁'是何道理？'其恕乎，己所不欲，勿施于人'是说什么？'仁者，其言也切'告诉我们什么？"

段得莘教书，循循善诱，导而弗牵，强而不抑，不愤不启，不悱不发，常常引而不发，使学子举一隅而反三，从不轻易将结论告诉学生。"我晓得了！"玉裁经父亲这一连串的启迪开导，茅塞顿开，说，"孔子思想的核心，是一个'仁'字，他把忠、孝、恕、悌、智、勇、恭、信等等等等，用'仁'字一言以蔽之。""说得对，甚善！"父亲肯定了儿子的回答。"不过……"玉裁疑虑起来。"不过什么？"玉裁说："孔夫子看不起耕田种菜的人，说什么'君子怀德，小人怀土'，'耕也，馁在其中矣'，'四方之民襁负其子而至矣，焉用稼'。他还看不起像母亲那样的女人，说什么'唯女子与小人为难养也'。父亲你说，圣人君子的话都对吗?"

段得莘见儿子批评起孔圣人来了，脸色猝然沉了下来。但又想，儿子说得也在理，便用子贡的话搪塞："君子之过也，如日月之食焉。"段得莘思忖着："孺子可教，但须好好引导，必善裁制，不然要出大乱子的。"

第二年，段得莘开始教玉裁读"九经"。段得莘为人师表，教书育人，律身教子，规矩甚多。他常对玉裁说：人才，人才，首先要做人，其次才谈得上"才"；要用圣贤的德行规范自己；质疑须先起立，先生允许后方能发问；在长者面前不能大声粗气；立，不能倚门，坐，不准搁腿。得莘先生训诫儿子："读书务必要做到'三到'。"玉裁问："爹爹，何为'三到'?"

段得莘说："这'三到'，就是心到、眼到、口到。其中'心到'最为重要。对圣贤之书不光要熟读成诵，而且要精思其旨。要博学之，审问之，精思之，笃行之。为学之道，莫先于穷理；穷理之道，必在于读书；读书之法，莫过于循序而致精；而致精之本，则又在于居敬而持志。"

段得莘教导学生及玉裁务必以读经为本。他讲究教学艺术，有讲授，有齐读，有背诵，有质疑，有讨论，有检查。朝夕课之，多方诱导，唯恐己力之余而弗致。

二、聪慧过人　免试入泮

这天，段玉裁正在书房内伏案认真读书，段得莘悄悄地走进书房，看看儿子在温习什么书。他伸手翻开封面，是一本许慎著的《说文解字》，他气愤地对儿子说："玉裁，后天你就要赴考，你怎么在这个时候还看这种与考试无关的辞书！"段玉裁对父亲说："爹，与考试有关的诗文书籍，我都认真温习过了。"段得莘用训斥的语气对儿子说："做学问不能满足于一知半解，必须弄懂弄通，这样才能举一反三。"他哼了一声，说，"玉裁啊，虽然人们说你很聪明，有过人之天赋，但是，你要知道，学无止境，不可自满，更不能自恃聪明，不认真学习，聪明反被聪明误啊！"

段玉裁叫声爹，说道："儿知道我们祖辈以耕读传家，您是我的严父良师，我决不会忘记"苦耕砚田为乐事"的祖训，我立志发奋读书，做一个有真才实学的人。"段得莘接着对儿子说："这就好啦，好男儿志在千里，但千里之行始于足下，后天的院试是你千里之行的第一步，你要迈好这第一步啊！"他继续问段玉裁："'四书'和《尚书》，你温习过没有啊？"段玉裁回答说："我都温习过了，而且每本书都从头到尾弄懂了它的内容和含意。"

段得莘调转话题问儿子道："八股文的章法、格局和写作要求你都弄懂了没有?"段玉裁回答说:"对八股文的章法和写作要求,我进行过认真的学习与思考,爹,恕我直言,八股文格调呆板、内容僵化,只求形式,没有具体内容,言之无物。"段得莘听了儿子这种说法,认为是离经叛道,他声色俱厉地说:"怪不得你对"四书"和"五经"不太感兴趣,很少看到你写八股文,整天看什么《说文解字》。"他气愤地伸手将书桌上那本《说文解字》摔在地上。

段得莘稍平静之后说:"玉裁啊,科举考试,八股文是必考之科目,而且它是一个检验读书人文才高低的主要尺度。你轻视八股文,怎能考取呢?"段玉裁向父亲解释说:"儿只是对八股文谈一些看法,并非不重视它,请爹放心,在考试中我一定按章法和要求写好八股文。"

段玉裁的母亲听到父子俩在争吵,急忙来到书房,眼看着儿子正俯身拾起被摔在地上的《说文解字》,转眼又被丈夫抢去。

段得莘提高嗓音叫着:"玉裁啊,爹并非反对你读《说文解字》,问题是在考试前这个关键时刻,你不能看这种与考试无关的书啊!"他接着对儿子语重心长地说:"玉裁,你是刚走上人生道路,很多事情你还不懂啊。你知道吧,科举考试,是读书人进入仕途的阶梯啊。我告诉你,参加镇江府举行的考试叫院试,被录取的人叫秀才;参加省里举行的考试叫乡试,榜上有名者叫举人;参加礼部举行的考试叫会试,考中者为贡士;朝廷举行的考试叫殿试,只有贡士才能参加殿试,被金榜题名的人叫进士,名列前三名的人,第一名为状元,第二名为榜眼,第三名为探花,科举制度的等级是非常森严的。"段得莘最后对儿子说:"你后天参加院试考试,这是你在人生道路上迈出的第一步啊,你一定要认真

对待，如果这第一步都迈不好，还说什么举人和进士啊？"

这时站在一旁的段玉裁母亲史夫人插话说："玉裁，你爹要你认真读书是为了你的前途，还不是希望我们段家能飞出一只金凤凰嘛！"她边说边将手上一件刚做好的新长衫递给段玉裁，并说道："玉儿，后天你就要上考场了，要像个考生的样子。娘给你做了件长衫，你穿上试试是否合身？"段玉裁站起身穿上长衫，他自己看着前身，母亲看看他的背部和腰身，母子俩异口同声地说很合身。

史夫人转身对丈夫说："玉裁爹，我们走吧，让玉儿静心看书！"

乾隆十六年（1751），镇江府院试改在金坛举行。在院试开考的前一天清晨，金坛县城内东南隅的试场门前，矗立着一杆龙旗。在高大的辕门之后，有一座龙门，正上方有一匾额，横写着"天开文运"四个大字，在阳光的照耀下金光灿灿。在试场门前的广场上彩旗林立，迎风飘扬，好似一派节日景象。

在开锣喝道声中，两顶官轿在翰墨堂前停下，喇叭声止，一衙役拉长着声音喊"落——轿"，另一衙役向前跨两步喝道："大清国吏部侍郎兼江苏学政尹会一大人和镇江府宋正仁大人到！"接着侍郎和知府相继启帘下轿。

早已恭候在翰墨堂前的镇江府所属知县和教谕等人，均提袍跪拜，口呼下官叩见学政大人和知府大人。尹会一令平身，四县官员齐呼谢大人，并起身站立两旁。此时，金坛县知事杨景曾向前跨了一步说，请学政大人和知府大人正堂就座。尹会一连声说好，其随行人员分列两旁。

镇江知府宋正仁站起身说："今日，我大清国吏部侍郎兼江苏学政尹会一大人，特从金陵驾临金坛。尹大人是此次镇江府院试主监官。他的光临，我等深感荣幸。"

尹会一说："哪里，哪里，这是本官应尽之劳。知府大人、各县知县和诸位教谕，本人奉朝廷军机大臣于敏中之命，从今年开始，镇江府院试考场迁至金坛，一则金坛乃镇江府四县之中心；二则金坛乃人才之乡、才子之里，我对此地也甚感兴味。过去，我曾来过金坛。今日来此，可说是故地重逢，今后我还将常来常往，在此广招贤才。"侍郎说罢微笑着坐下，在场众官员齐声高呼，欢迎尹大人常来赐教。

尹会一环顾一下众官员，问道："考场可曾安排妥当？"金坛县教谕钱仲旻回答说："禀大人，考场安排一切就绪，恭请大人检验。"尹会一连声说好，好，稍等片刻，我等同往观看。

尹会一略沉思一下，呼金坛杨知县和钱教谕。杨、钱齐声回答，下官在。尹会一说："记得三年前，我来金坛查看一次童子试，当场有一孩童名叫段玉裁，其时年约十二、三岁，便能诵读《楚辞》、背诵《九经》，疏讲程朱理学，指物能即兴赋诗，看来他的才气不凡啊。不知此孩童现在何处？其父姓甚名谁？"

金坛知县杨景曾回答说："尹大人所提问的段玉裁，是我县廪生段得莘之子。"尹会一接着问道："这姓段的平日家教如何？"教谕钱仲旻回答说："所言段姓乃耕读世家，段玉裁之曾祖和祖父都是秀才，虽然其家境贫寒，却能安贫乐道。段家的祖训就是'不耕砚田无乐事，不撑铁骨莫支贫'。"

尹会一以赞叹的语气说："苦耕砚田，铁骨支贫，看来其家教甚严，段玉裁生长在这样的家庭，定能成大器啊！"然而知府宋正仁却持不同的看法道："以我所见，聪明非凡、才智过人的孩童，长大后未必都能成才。"在场的众官员听了此言，都举目相觑。

尹会一微微一笑说："宋知府所言，也不无道理，不过从段玉裁本人和家教来看，是一个可树之才啊！"当场有人说，段玉裁是不是人才，是否是瑰宝，明日考场见分晓。

尹会一说："不，我今日就要见到段玉裁。"他转身问杨知县，段玉裁家住何处，离这儿远吗？杨知县回答说："段家就住在南门外城郊，离这儿很近。"尹会一说："现在即请杨知县派人前去将段玉裁叫来。"杨知县回答说，是。他立即让钱教谕速去将段玉裁叫来。钱仲旻起身应道，他走出翰墨堂，在一衙役陪同下，直奔段玉裁家。

钱仲旻来到段家门前，见大门敞开，走进室内，呼喊却无人答话，正要转身出门，碰巧与急忙回家的段玉裁相撞。衙役见段玉裁满身衣服湿淋淋的，惊讶地问道："你是何人，为何这副模样？"段玉裁说："我是这家的人，刚才在书房听到叫救命声，赶到现场与牧童两人，将一位落水的于倩姑娘救上岸，现在回家换衣服。你们二位来我家干什么？"

衙役告诉段玉裁，我们是从县衙来的。他指着钱仲旻说："这位是县衙钱教谕。"钱仲旻接着说："你就是段玉裁吗？你快换去湿衣，跟我们走一趟，江苏学政尹会一大人要见你。"段玉裁听说江苏学政要他去，不知所措，便问钱教谕："学政大人要我去干什么？"钱仲旻说："你到那里就知道了。"

段玉裁换去湿衣，跟着钱仲旻和衙役来到翰墨堂。他注目端坐在正堂的江苏学政和镇江知府还有围坐一旁的金坛知县等，急步向前跪拜说，晚生段玉裁叩见学政大人和知府大人。尹会一说平身，段玉裁随声说道，谢谢大人。

尹会一叫着段玉裁，段玉裁回话说："晚生在。"尹会一问段玉裁："你今年多少岁？"段玉裁说："禀告大人，我今年十六岁。"学政说："你英年正始。"他接着问："平日你最爱读什么书？"段玉裁回答说："晚生才疏学浅，在已读的书目中，我最爱读的是《诗经》。"

尹会一说："《诗经》是我国第一部诗歌之总汇，可惜秦始皇焚书坑儒，《诗经》曾被焚毁，至汉代才得以传诵。"他问段玉裁："你可知道，当时传授《诗经》的有哪些人？"

尹会一欠了欠身子，以严峻的目光看着段玉裁。在场的官员听了上述提问相互交头接耳，认为能答出这样的提问，非同一般，那位宋知府更是以冷漠的目光看着段玉裁。

段玉裁沉思了一下说："晚生如有答错之处，敬请大人赐教。"尹会一说："你讲吧。"段玉裁胸有成竹地回答说："当时传授《诗经》的有：齐之辕固，鲁之申培，燕之韩婴，赵之毛苌，简称辕、申、韩、毛四家。秦始皇焚书坑儒，焚毁了前三家的诗，只有毛诗幸存，一家独传，如今我读书之人，所读之《诗经》，其实就是毛诗。"

尹会一听后，当场大加赞许，段玉裁果有过人之才华，将来可成大器。在场的众官员也都赞不绝口。唯有知府宋正仁，似乎不以为然，他以挑剔的眼光扫视了一下段玉裁，侧首对尹会一说："学政大人，我想接着您的提问，再向段玉裁提出一个有关问题可否？"尹会一回答说："当然可以。"

宋正仁说："仅仅知道今日所传诵之《诗经》就是毛诗不足为奇，毛诗独传，世人皆知。段玉裁，我问你，自汉代以来，哪些经学家曾为《诗经》作过注释、写过著述？"

在场的人们都沉默不语，气氛显得寂静。杨知县和钱教谕都以期待的目光看着段玉裁，为他担心能否回答出这个提问。

段玉裁略加思考后，向众官员抱拳环揖说："晚生初航学海，对经史知之甚少。就我所知，自汉代以来，曾为毛诗作注者，计有三家，即东汉的郑玄、唐代的孔颖达、宋代的理学大师朱熹。"

宋正仁接着问段玉裁："你知道他们三家所著之书名是什么？"段玉裁回答说："郑玄写的叫《毛诗笺》，孔颖达所著书名为《毛诗正义》，朱熹之作称《诗集传》。"宋正仁又问段玉裁："这些著作你可曾见到过？"段玉裁回答说："三家之作，我不仅见其书本，而且全部拜读过。"

宋正仁进一步问段玉裁："你读其著述，有何感受？"段玉裁回答说："三家之作，各有所长，也各有不足之处。对其不足之处，还需后人加以修正补充。"此时，宋正仁认为段玉裁狂妄自大，便以训斥的口气对段玉裁说："这些说经之家，皆为我国历史上之大儒，你这个乳臭未干的小子，竟敢班门弄斧，诋毁前贤，似乎太狂妄了吧？"

尹会一当即以缓和的语气说："宋大人请息怒，段玉裁所说的是他的读书感受，这也是学术之争嘛。"他扭转话题对段玉裁说："刚才宋大人的提问和批评是对你的关心与爱护呀，我们学习前人之作，既不能轻信，也不能轻疑，贵在求真务实。宋大人，我们的会见就到此结束，好吗？"

在院试开考之日的清晨，考场门前张灯结彩，各色锦旗林立。在广场上，有送考的亲朋好友，还有旁观的人群，人声鼎沸，一派节日景象。广场四周有卖烧饼油条和豆腐花的摊点，还有供应茶水的炉子，热闹非凡。

60多名考生，手上拿着文房四宝，站在四县公所童生序座等候点名入场。段玉裁也挤在考生的行列之中。在众考生中，年龄一般十五六岁，当然也有个别的大龄考生。有个考生，年已半百，看来他是多次参加院试的老手了，一切对他来说都不陌生。

在试场门前的广场上，三声鸣炮，开始点名发签入场。龙门前有5名舍人，其中两人分立龙门两旁，一人点名，一人发签，一人搜查考生是否有挟带禁物。拿着点名册的舍人叫着：陈瑾儒、张得胜、李二瓜、徐长禧、沈冠超、何龙飞……63名考生全部入场，唯独没有点到段玉裁。一舍人大声叫道，考生已全部入场，关门！

舍人正在关门，段玉裁急匆匆地走上去推着将要关闭的大门说："我很早就报了名，我叫段玉裁，怎么没有点到我的名字？请让我进场！"舍人指着名册说："你看，名册上没有你的名字嘛！怎能让你进考场呢？"段玉裁重复说着："我很早就报了名，为什么没有我的名字，是你们弄漏了。"点名的舍人说："按名册点名，漏不漏与我无关！"其他舍人也说，名册上没有名字的，绝对不能进入考场！

段玉裁十分焦急地说："肯定是你们弄错了，请让我进去。"舍人说："考生名册经过宋知府审定过的，我们无权随便更改！"哐一声，大门关闭了。

被关在考场门外的段玉裁，急得跺脚捶胸，叫着快让我进去！快让我进去吧！时而还用双拳敲击着大门。两个守门的舍人拉着段玉裁的手臂，将他推开。

考场内气氛森严，考生各就各位，笔墨纸砚放在桌子上。场外又鸣炮三响，考试开始。宋知府端坐在考场的主考官台上，一舍人手提一盏三尺高的纸灯笼在考场内缓步走动，八股文考题就写在那个大纸灯笼的外壁上。舍人边走边说，八股文考试，现在开始，题目是《子谓颜渊曰，用之则行，舍之则藏，唯我与尔有是夫》。舍人反复地读着考题，并说请各位考生注意，务请看清题目。

在考试开始后，江苏学政尹会一、四县知事和教谕也进入考场巡视，考生埋头思索，场内一片沉寂。

然而，在试场门外，段玉裁仍未离开，时而说着，我报了名，为什么不给我参加考试，时而用双手敲击着大门。在场的围观者，议论纷纷，有的人说，段玉裁既然报了名，符合条件，就应该让他参加考试；也有的人劝段玉裁说，不要急坏了，回去吧，你年龄还小哩，今年不行，今后还有机会啊，你看有的考生都快50岁了，这次不是也来考秀才的嘛！

这时，一个舍人抓着段玉裁的双臂狠狠一推，并怒骂着："去你妈的，快滚开！"段玉裁被推倒在地，笔墨砚台全摔在地上，砚台被摔成两半。另一个舍人说："你这个疯子，再不走开，就认定你是扰乱考场，将你捆绑关押起来！"

心急如焚、万般无奈的段玉裁，拖着沉重的双腿，回到自己的家。一连几天卧床不起，经常泣不成声地说着，我报了名，为什么不让我进考场？还不时地用手敲打着自己的额头。由于情绪极度焦虑，他吃不下饭，睡不着觉，全家人也都心神不安。母亲走进段玉裁的书房，含泪劝说儿子："玉裁啊，你不要太心急，快起来吃点东西，你爹已去县衙打听情况了，究竟是怎么一回事，等他回来，也许会清楚的。儿啊，你要听妈的话，快起来吃点东西。"段玉裁说："我肚子不饿，不想吃。"他叫了一声："娘呀，我没想到会发生这样的事情。"便放声大哭起来。母亲心痛地抱着儿子的脖子，急切地盼望着丈夫赶快回来。

就在这时，曾在渡船上不慎落水并被段玉裁抢救生还的那个于倩姑娘，在父亲于陶喜的陪同下，来段家谢恩。父女俩路过考场门前，看到很多人围观墙上张贴的大红榜。于倩也曾读过几年书，她叫道："爹，我们快来看看考秀才发的榜。"

在大红榜上，开头竖写着"镇江府庠生题名录"8个较大的字，下面是考中秀才的名单，共19个人，段玉裁名列榜首。

于倩叫着："爹，您看，第一名是段玉裁，他考中秀才啦！"于陶喜说："不一定就是救你出水的那个段玉裁，同名同姓的人多着呢。"于倩对父亲说："如果就是那个段玉裁的话，那今天我们去段家，一是谢救命之恩，二是祝贺他中了秀才，这真是一举两得呀！"

于陶喜嗯了一声，对女儿说："常言道，穷秀才，富举人。这说明秀才不能做官，挣不到钱，大不了当个私塾先生，做个孩子王，还不如我一年卖几十个缸和盆呢。"于倩说："爹，您就是整天算账，做梦想发财。"

于陶喜和女儿边走边拉家常，一会儿到了段玉裁家门前。段玉裁的母亲眼看来客是一位中年男子和一位芳容秀丽的姑娘。那个中年男子开口叫大嫂子，并说明来意。他说："我家小女倩儿今天特来拜谢救命恩人段相公。"说罢进屋将礼物放在客堂八仙桌上。于倩很有礼貌地说："伯母在上，请受小女一拜。"

段玉裁的母亲一边招呼客人，一边叫着玉儿，快出来，有客人来访。段玉裁神志恍惚地走出书房来到堂前，呆若木鸡似地站在那里。于倩站起身说："救命恩人在上，请受小女一拜。"段玉裁犹如刚从梦中醒来那样，说："不敢当，请起身。"

于陶喜感激地说："段相公知书达理，见义勇为，是我女儿的救命恩人啊！"于倩接着父亲的话题说："段相公的大恩大德，我将永世不忘。同时，我们还要向你表示祝贺。刚才我们路过考场门前，看到公布的大红榜上你是名列榜首的秀才。"

段玉裁听了于倩的话，甚感诧异，他连声说："不是，不是，你看错了。"并且以一种反感的神态看着于倩。这时于倩也感到气氛不对，她解释说："段相公，我说的是真实情况，考场门前张贴的大红榜上，段玉裁的名字排列在榜首，我没有看错。"于倩的父亲也证实说："是这个情况，我也亲眼看到的。"

正在段玉裁疑惑未消、于家父女尴尬之际，段得莘从县衙回来了。他手持大红证书，对儿子说："玉裁啊！你别再焦急气馁啦，你已中了秀才，这是你的庠生证。"同时，他指着手中的书对儿子说："这是江苏学政尹会一大人送给你的一本《朱子小学》。就是尹大人让你免试取了秀才。"

段玉裁从父亲手上接过庠生证和《朱子小学》，仍然是疑惑不解。他在想到底是怎么回事。未入考场怎么中了秀才？眼前这一切难道是在梦幻中吗？他站在那儿默默无语，时而看看手中的庠生证，时而又看着父亲。段得莘眼看儿子那种疑团未解的样子，他再次对儿子说："玉裁，这是真的啊，你应该感到很高兴才是呀！"站在一旁的于倩和她的父亲也异口同声地说："是真的，我们向你表示热烈祝贺！"

三、三试中举　洞房花烛

　　乾隆十八年（1753）秋，三年一次的乡试在金陵举行。段玉裁正在准备迎接这场考试。

　　一天晚上，段玉裁正在书房查阅资料，忙于作应考准备。于倩在顾二娘的陪同下，来到段家，只身走进段玉裁的书房。段玉裁见到于倩的到来，便放下手中的书本，很热情地请她就座。于倩对段玉裁说："我娘听说你马上要去金陵考举人，她要顾二娘今晚陪我来看你，她还做了一些年糕和糯米粽子，叫我带给你，说是吃了年糕和粽子，就能高中举人。"段玉裁笑着说："托你娘的口福，谢谢。"于倩面颊红润，欲言又止。段玉裁看出了她的来意和心思，就开门见山地对于倩说，"于小姐，你落水，我救你，这是我应该做的事，为人总不能见死不救吧。再说，恩情和爱情是两码事，不能混为一谈呀！而且，我的家庭贫穷，同你家门不当户不对呀。"大方、坦率的于倩也直截了当地向段玉裁说出了自己的心里话，她说，"我家又不是什么富贵门第，你莫说什么攀高亲，你可能是嫌我没文才吧。"段玉裁说，"不，我不是这个意思，我的看法是这样的，我的家境贫寒，你如果嫁到我家，我担心你以后会受苦，到那时，你会后悔莫及的！"于倩坚定而诚恳地说，"我早就下定决心，嫁贤不嫁势，你正是我以身相许的有德有才之人，今后不论你干什么，哪怕就是讨饭，我也会终身相随，绝不后悔！"听到这些话，段玉裁心中不由一阵感动，抬起头，两人恰好四目相对，不禁相互含羞一笑。

过一会儿，于倩将揣在怀里的红布包拿出来，放在书桌上，对段玉裁说："这是我娘让我带来的 30 块银元，作为你去金陵的盘缠。"段玉裁说："年糕和粽子我收下，银元请你带回去。"于倩说："这些银元是我娘诚心叫我带来的，你应该收下，如果我带回去，我娘不仅要责怪我，她肯定还要叫我再送来，玉裁啊，你就别客气了，收下吧！"段玉裁沉思了一下，说："好吧，既然你们母女如此真情，我就收下了。"段玉裁风趣地说："我争取考中举人，一定向未来的丈母娘报恩。"

金秋季节，丹金河上旭日东升。清晨，段玉裁来到城河之滨的麒麟码头，登上一艘木船。他站在船头的甲板上，向送行的亲友挥手致意。段得莘夫妇和段玉裁的两个弟弟都在叫喊着，祝愿应考成功！段玉裁注意了一下站在码头上送行的于倩，她那期盼而又依依不舍的神态，使他的心潮久久不能平静。

经过一天多的行程，段玉裁到达金陵钟山书院住地。

钟山，在六朝古都金陵之城东。钟山东麓古木参天，掩映着一座古建筑群，厅堂楼阁古朴典雅，正厅大门前上方有一匾额，上书"钟山书院"四个大字。

在乡试刚结束后的一天上午，院长钱大昕伫立在书院门前，好似恭候来客的驾临。一会儿一顶官轿来到门前停下，江苏学政尹会一走出轿门。钱大昕迎上去说："晚生拜见学政大人。"尹会一说："请免。"礼毕，尹会一在钱大昕的陪同下，走进书院大门，两名随行人员紧跟其后。

在书院邃雅斋坐定后，尹会一说："今天我来此，主要是了解一下考试后考生的情绪。"钱大昕向学政禀报说："住在钟山书院的是镇江和常州府的考生，考试后，有的人思想比较活跃，也有一些人情绪比较低沉。"尹会一插话说："情绪低沉的人，可能自感考试不佳，段玉裁考后情绪如何？我现在要见见他，请派人将他叫来。"

段玉裁在一差役带领下，来到邃雅斋。他见到尹会一，口呼学政大人，立即跪拜。尹会一叫段玉裁平身，并赐坐在钱大昕身旁。段玉裁说，谢大人。

钱大昕叫了一声，玉裁学弟啊，学政大人今天是来看你的呀！段玉裁起立，并说，多谢学政大人对我的关爱。

尹会一问段玉裁："此次乡试，自感考得如何？"段玉裁说："这次考试自感不足，还是学识浅薄。"学政说："这可不一定，有文才的人，还有个临场发挥的问题，考中与否，这是正常情况，不要为此过度烦恼。现在考试刚结束，得放松放松，走！陪我和钱院长一同到玄武湖陶然亭听歌赏景去好吗？"

段玉裁起身说，谢谢尹大人。这时，尹会一走出邃雅斋，坐进官轿，向玄武湖方向前进。钱大昕和段玉裁步行其后，他们两人边走边谈。钱大昕对段玉裁说："尹大人如此器重你，这是你们前世的缘分呀。"段玉裁说："我只有以认真做学问来报答尹大人的厚爱。"

钱大昕问段玉裁："你的诗词很有基础，同时你对文字训诂也很感兴趣，二者不能兼得，你准备选择哪一门？"段玉裁说："研究诗词，要有充分的感情和丰富的想象力；而研究古文字，却要有求真务实的精神，来不得半点虚假。对我来说，诗词如鱼，文字训诂如熊掌，鱼为我所欲，熊掌亦为我所欲，二者不可得兼，我还是舍鱼而取熊掌。"钱大昕说："玉裁贤弟呀，你如果确定音韵和文字训诂这一主攻方向，我可以助你一臂之力，给你提供有关这方面的资料。另外，我对古代声母也曾作过一些探讨，略知一二。"段玉裁高兴地说："那太好了，谢谢钱大哥给我的帮助与指教。"

段玉裁和钱大昕边走边谈，不觉已到了陶然亭，尹会一已端坐在亭中品茶。此时，他们远眺近看那湖光山色，风景如画。水榭台上，八名舞女在乐曲的配合下，翩翩起舞，令人心旷神怡。尹会一忽然问段玉裁说："面对此情此景，你能否即席赋诗，为我们助助兴？"段玉裁当即回答说："晚生奉命试试，敬请大人赐教。"侍女们随即取来宣纸和笔砚。

段玉裁走进写字台，沾墨挥毫写下一首苍劲潇洒的七绝草书：芙蓉出水花万朵，玄武湖光胜莫愁。不念桑泊思观田，何日穗盈酬神州。尹会一看着写好的诗和字，连声称赞说："不仅诗文写得好，书法也很有功底。"段玉裁忙说："尹大人过奖了。"这时段玉裁不是喜形于色，却好像在沉思着什么。尹会一扫视了一下段玉裁，对钱大昕说："此时此刻，段玉裁为何不悦？"钱大昕摇摇头，也不解地看着段玉裁。

尹会一问段玉裁："你已到了弱冠之年，有否完婚？"段玉裁说："回禀大人，晚生尚未成婚。"尹会一似有所悟地同钱大昕低语："林大人家的女儿长得秀丽端庄，又知书达理，如与段玉裁相配不是很合适吗？"钱大昕听后，点头表示同感。

在尹会一的安排下，段玉裁来到莫愁湖后苑。他伫立在花廊下，翘首远眺，像是等候来人的样子，忽然见有一位红妆素裹、端庄秀丽的小姐向他这里走来。段玉裁问那位小姐："请问你可曾见到尹会一大人？"那小姐回答说："你找尹大人？"段玉裁说："是尹大人叫我在这儿等他的。你是？"小姐回答说："我叫林芳霞，尹大人同我爹是朋友，我也是尹大人叫我在这儿等他的，唉！他怎么还没有来呢？"两人相视不语，含羞一笑。

段玉裁转身走上水榭，林芳霞紧随其后，两人扶栏向下观水，水清如镜，倒映出他俩的身影。段玉裁顿时一惊，迅速离开水榭，走向花圃，林芳霞也跟着来到争奇斗艳的花圃旁。

林芳霞叫着："公子，请问尊姓大名？"段玉裁说："林小姐，不用客气，小生姓段名玉裁。"林芳霞指着各色盛开的花朵问段玉裁："你喜欢花吗？"段玉裁说："谁不喜欢花呢。"边说边伸手摘下一朵月季花放在自己的鼻下闻了闻。林芳霞也摘了一朵，并将手中的花举到段玉裁面前问："你喜欢我这一朵花吗？"段玉裁感到林小姐"花中有话"，边微笑边凝视着她手中的花说："林小姐，园圃花儿千万朵，我只爱我自己采摘的这一朵。"

林芳霞听了段玉裁的话外之音，顿感言不中情。她扔掉手中的花，双手掩面，心想，这全是尹大叔给我造成的尴尬。

段玉裁第一次参加金陵乡试，榜上无名，原因是多方面的，最主要的是他第一次进入考场，思想上有些紧张，致使临场发挥不佳。他虽是一名秀才，但未经院试，是补邑庠生。

一天晚饭后，于陶喜同妻子商量女儿的婚姻大事。他告诉妻子说，这次在丁山见到了那个姓万的陶瓷商，还请我到他家吃了一顿饭。我们谈到了倩儿的事情，万先生说，如果我们家同意，先将倩儿的年龄、出生时辰等八字开给他家，请算命先生合一下八字，能够相配的话，他们再来访亲。

妻子对于陶喜说："你女儿不同意嫁给那个姓万的陶瓷商，她曾对我这样说过，非段玉裁不嫁。"于陶喜也以当家人的口气说："父母之命嘛，我们两人一致起来，倩儿她敢不同意！"妻子却对丈夫说："我可不能和你相同，你女儿的脾气你还不知道，她是说一不二，她说定了的事，别人是无法改变的。"

于陶喜以反问的语气对妻子说："那位万少爷，他家在丁山开了间大陶瓷店，生意红火，像这样的阔少为什么不嫁，却偏要嫁给那个穷秀才，有什么意思。"妻子对丈夫说："你爱财富，可你女儿是爱慕段玉裁的德才呀。"于陶喜不耐烦地对妻子说："你说德才能当饭吃吗？"妻子回答说："你去说服倩儿吧！"

这时，于陶喜叫妻子将女儿叫来，准备做说服工作。可是于倩的态度非常坚决，她说："爹，您什么都别再提了，我是非段玉裁不嫁。"于陶喜也气极恼怒地说："爹也告诉你，唯段玉裁不准嫁。"于陶喜此言一出，于倩气得回到自己的房间里大哭了一场。

第二天上午，于倩不起床，也不吃饭。下午于倩母亲见女儿走出闺房，一阵心喜，迅速打水给她梳洗，正准备给她吃东西，却眼看女儿向外面走去。她叫倩儿，你到哪里去呀？女儿回答说，我出去走走。她不放心，拉着女儿的手臂要她回来，女儿掉头向母亲嘀咕了几句。母亲放开手，站在门口目送女儿的背影渐渐消失在自己的视线中。

夜幕降临以后，于陶喜从店铺回到住宅吃晚饭，一进门看见妻子哭哭啼啼的，便问道，你这是为什么？妻子回答说，我在厨房做晚饭，倩儿起来梳洗了一下，后来我就不知道她到哪里去了。她一边说一边哭，都是你这个老东西把她逼走的，如果倩儿有个三长两短，我决不饶过你！

于陶喜也甚感震惊，问妻子倩儿出门向哪个方向走去的。妻子说："我在厨房做饭，没有看到呀。"她说罢又放声大哭，骂道："老东西，你得马上将她找回来！"于陶喜自言自语地说："时间这么晚，又不知道目标，叫我到哪里去找她。"

晚饭后，于陶喜先后到靠近的几户亲戚家查问，都说未见其人。他唉声叹气地回到家，妻子哭闹了一夜未曾安睡，一连几天杳无音信。一天上午，有个远房亲戚派人登门报信说，倩儿在他家，说要她爹亲自接她才回家。

于倩见到父亲来接她回家，开始仍撒娇说："爹，你要答应我三个条件，一是同意我嫁给段玉裁；二是回去以后将我的生辰八字开给段家；三是同意我和段玉裁订婚。你要是不答应这三条，我就决不回家，到哪里去，死活你就不用管了。"

于陶喜在无可奈何的情况下，只好同意女儿的三个条件。可是后来在订婚这件事情上，他想卡女儿一下，通过顾二娘传话，向段家提出要366块银元礼金，而且订婚时先给106元。这在当时，对段家来说，要拿出这笔钱是存在困难的，但困难并未难住段家。

想卡别人脖子未成，却自己吃了亏的于陶喜，并不知道主持家政和掌握财权的妻子，暗中送给段家100块银元，使段玉裁和于倩的订婚之事如期圆满完成。

在段玉裁19岁那年，第一次参加乡试未中。就在这年冬，父母亲为他与于倩完婚。段得莘考虑，玉裁是长子，娶第一房媳妇，虽然家境不宽裕，但出于礼节和场面，婚事应该办得热闹些，为此他积极作筹划准备。

按传统，男方在迎娶新娘之前，要向女方送迎娶书贴，注明迎娶日期，通过媒人商谈双方应准备的事宜，诸如：男方要付给女方多少礼金，为新娘准备多少件服饰，女方准备哪些陪嫁物，等等。这些都要通过媒人的往来传话，双方进行协商。

一天下午，顾二娘来到段家说，她已将迎娶书贴送至于家，女方对选择冬月十六这个吉祥日子表示赞同。在迎娶礼金的数额上，当初订婚时已商定，对此也无异议。至于服饰问题，于陶喜提出男方要为他女儿制作质量好一点的棉、夹、单衣服 16 套，金环、手镯各一副，插髻用的金如意一只，这些均由女方购制，男方付钱。顾二娘继续说着，这个问题也不大，因为我离开于家时，于倩娘送我到大门外，她低声对我说，制作服饰，不管花多少钱，明为段家购买，实由我家付钱。她还对我说，二娘啊，我就这一个女儿，在她的终身大事上，我家有钱不花，不仅要给人家笑话，我们自己也问心有愧呀！

稍停了一下，顾二娘说："段老先生啊，于陶喜这个人真有点怪。他提出这样一个问题，就是在迎娶新娘时，男方要去 6 顶花轿。当时，我问他自古以来，娶新娘只用 1 顶花轿，你为什么要 6 顶轿子？作什么用场？他说，第一顶是新郎坐的迎亲轿，第二顶是新娘坐的新人轿，第三顶是娘家的陪亲轿，第四顶是媒人坐的月老轿，第五和第六顶是娘家的送亲轿。"

顾二娘喷了一下嘴说："于陶喜这个人，家里有钱，竟摆这样的阔气，我做了大半辈子的媒人，还是第一次遇上这样的事情。"

段得莘苦笑了一声说："于陶喜不是摆什么阔气，他是对于倩嫁给我家玉裁不满意，这是他对我家的又一次刁难。想当初，两个孩子订婚时，他就要我家给礼金，现在迎娶时又提出要6顶花轿。二娘啊，我活了40多岁了，也未听说过这样的事情，我儿子不过是个秀才，结婚时用6顶花轿，人们会误认为是我家摆阔气，会笑话我们的呀！"

段得莘的妻子在一旁插话说："请顾二娘再去同于家商量一下怎样？"顾二娘摇摇头说："于陶喜这个人，做事不通情达理，看来难商量成啊。要不这样好吧，明天，我去于家同倩儿和她娘商量商量，听听她们母女俩的意见。"得莘夫妇都说，这样也好。

两天后，顾二娘来到段家，她将同于倩娘儿俩商量的情况告诉段得莘夫妇说，于倩和她娘也都反对于陶喜的这种荒唐做法，但她们又感到要改变他的做法，实在是一件困难的事情。倩儿娘要我向你们说，玉裁和倩儿成亲，本来是一件大喜事，应当尽量避免节外生枝、吵吵闹闹，不要搞成僵局，切不可让两亲家成为两冤家。她最后让我转告你们，你们就再迁就他一次吧，反正她心中有数，不会让你们家吃亏的。

在迎娶新娘之日，6顶花轿往返在段、于两家之间，沿途很多人看新鲜事。有人在问，娶一个新娘为什么要用6顶花轿，这是谁家如此摆阔气？观众中，有个熟悉情况的人说，这是段得莘的大儿子段玉裁和陶瓷店老板于陶喜的女儿结婚。这时，人们议论开了，有个年过半百的人说，段玉裁吗，不过是个秀才，就是举人也不用如此摆阔气啊！也有人说，段家是书香门第，段得莘是个规规矩矩的老实人，他不会如此讲排场，而商人于陶喜，家里有钱，是个富而好礼的人，可能是他的别出心裁。

当6顶红灯花轿回到段家门前时，爆竹声和唢呐声交织在一起，祝贺新禧的亲朋好友，还有左邻右舍的围观人群，济济一堂。

当时的段家真可谓高朋满座，喜气临门。段得莘夫妇里外应酬，忙得不亦乐乎。

段玉裁将新娘迎入洞房之后，揭开她头上的红绸巾，举目仔细看着如花似玉的于倩，顿时心潮起伏。此情此景使他想起人们常说的一句话，"洞房花烛夜，金榜题名时"。此刻，洞房花烛夜的愉悦心情，他已感受到了。然而，金榜题名，还有很长的艰难曲折路程。他想到这里，心里又喜又愧。

于倩看着段玉裁的神色由喜转忧。她问："今天是我俩成婚的大喜日子，你应该是喜形于色嘛，此时此刻，你却为何不高兴?"段玉裁说："我俩结为夫妻，我心满意足，可就是此次乡试未中，我真愧对你啊。"于倩对丈夫说："你第一次乡试未中，我并不失望，只要你继续努力，我相信今后你一定能考中举人。"新郎亲吻了一下新娘说："谢谢你的鼓励，我也有信心和决心，保证不使你失望。"

按习俗，新婚夫妇不仅要举行拜堂，还要在席间向宾客们进行敬酒等礼仪。主婚人、福公和福婆，好似导演戏剧一般，说着吉祥如意的话语，指挥新郎和新娘向宾客们行礼和拜见。在席间，有些亲朋好友说，玉裁和于倩是天生一对，地配一双啊。还有的知情人夸赞说，于倩是个大家闺秀，在娘家是个好姑娘，到婆家也一定是个贤妻和好媳妇。

在段玉裁和于倩成婚的第二天，于陶喜夫妇来到段家会亲。在酒席台上，段得莘夫妇向于陶喜夫妇敬酒。主人在敬酒开始时说，现在我敬亲家6杯酒，第一杯叫迎亲酒，第二杯叫新婚夫妇良缘酒，第三杯叫陪亲酒，第四杯叫月老酒，第五杯是送亲酒，第六杯是两亲家交杯酒。于陶喜心里想，我向段家要6顶迎娶花轿，他现在向我敬 6 杯酒，这分明是针锋相对，进行报复。

此刻，段得莘知道于陶喜在想什么，便叫声亲家啊，我要向你讲清楚，我敬你 6 杯酒，并非针锋相对，而是礼尚往来，请亲家不要误会。于陶喜当场无言以对，无奈地喝下含有苦味的喜酒。

乾隆二十一年（1756）秋，22 岁的段玉裁第二次赴金陵参加乡试。

在此次乡试前，段玉裁由于勤奋学习，过度疲劳，身体感到不适。父亲段得莘考虑到玉裁的身体状况，本想不让儿子参加本届乡试。他对儿子说："玉裁呀，参加科举考试，不仅要有真才实学，还要有健康的体魄和充沛的精力，才能应付自如，你目前身体不太好，我看这次乡试，你就免了吧。"

段玉裁摇摇头，对父亲说："爹，这次乡试对我来说可是一次机会啊，如果放弃了，要再等三年，我还是去试一试吧。"

段得莘对儿子的想法，认为也有道理。于是对玉裁说："那就按你的意见办吧，你既要积极做好应考前的准备，同时又要注意自己的身体啊！"

在乡试前的一些日子里，段玉裁的心情很复杂，思想上也深感不安。一天下午，他独自坐在书房里沉思着，回忆起第一次参加乡试落榜的事，认为辜负了父母和妻子的希望，思想上总感到是一件憾事。这次乡试即将来临，又适逢身体欠佳，真是机不适时，如果这次乡试再次落榜，又如何向亲属交代呢？他越想内心越感到愧疚。

心潮起伏的段玉裁，举目望着妻子抱着刚满周岁、开始牙牙学语的儿子段骧来到书房。妻子借着儿子的口吻说："骧骧，爹爹马上去金陵参加乡试啦，预祝他高中举人。"段玉裁听到妻子如此说，思想上更感压力巨大。

然而，段玉裁看着活泼可爱的儿子，却又喜上心头。他将儿子抱在怀中，亲了又亲，吻了又吻。妻子站在一旁说："你这次参加金陵乡试，我和骧骧在家等待你的好消息。"此时段玉裁将儿子递给妻子，面色由喜转忧，并叹了一口气说："什么好消息，恐怕又要使你们失望喽！"妻子以安慰的语气对段玉裁说："第二次不中，再考第三次，只要你有决心，我相信你一定会成功的。"

段玉裁第二次参加金陵乡试，仍然是榜上无名。他接连两次乡试落榜，并不灰心，坚信有志者事竟成。

又经过三年的勤学苦读，段玉裁在 25 岁那年，第三次去金陵参加乡试。这次考后，他自我感觉满意。

一天下午，他正在书房看《说文解字》，忽然听到外面喇叭声由远渐近，室外人声嘈杂。他走出家门外，看到有三个报录人骑着枣红高头大马来到门前，他们将马拴在树上。此时来了许多围观群众，段家知道是喜事到来，全家人列在门前恭候。

报录人高声叫喊："请段玉裁接榜！"段玉裁迅即走到报录人面前跪拜。报录人展开报帖宣读，"捷报贵府考相公段玉裁，高中金陵乡试第三名举人。恭喜！恭喜！"

段玉裁接过报帖说："辛劳三位大人，请到屋里坐。"报录人进入室内，围观群众也跟着进入段家。段得莘很高兴地将报帖放在堂屋搁几正中。史夫人手中拿着银元从房间走出，赏给三位报录人，每人两块银元，作为报喜赏金。

紧接着好几天时间，段家的亲朋好友闻讯都陆续登门祝贺，人们都异口同声地说，玉裁中举，成为贵人啦，举人可以当县官，将要成为官家门第喽！段家一时亲朋满座，全家人喜笑颜开，忙着应酬。段得莘整天乐得合不拢嘴，于倩从早到晚忙个不停。

　　于陶喜听说女婿中了举，当然也很高兴。他问妻子说，玉裁中举了，你高兴吗？妻子回答说："他中不中举人我都高兴。"妻子挖苦于陶喜说："你过去不喜欢那个穷秀才，现在该欢喜这位富举人了吧！"于陶喜愧疚地说："过去的事不要再说了，还是我家倩儿有眼力，看得准啊！"

四、屈就教职 师从戴震

　　乾隆二十五年（1760）的一天，时年 26 岁的段玉裁和陈水远背着挎包并肩行走在北京热闹的前门大街上。他们不时地望着金碧辉煌的前门大楼，还有那被微风吹拂摇曳的大红彩灯。段玉裁中举那次考的是恩科，因此转年便要到京都参加会试。

　　段玉裁兴奋地指着前门大楼说："我们是初次来到国朝的京都，一切都感到很新鲜。"陈水远说："是啊，段兄，读书之人谁不想进京赶考，希望获得功名啊。"段玉裁说："我们两个人这次不是来了么，这真是我等的幸运啊！"

　　段玉裁和陈水远边走边谈。陈水远问段玉裁："我们是去礼部会试公寓住宿吗？"段玉裁回答说："我们是去皇宫。"陈水远惊奇地问："皇宫我等进得去吗？"段玉裁告诉陈水远说："你知道当朝军机大臣于敏中吗？他是我们金坛人啊。"陈水远说："于敏中是你的同乡，有这样的同乡不简单啊！"他接着问段玉裁："听说去年于敏中受到当今圣上的赏赐，又被提升为文华殿大学士，是吗？"段玉裁说："是。今天，我们就是准备到文华殿去见于敏中。"陈水远高兴地说："那太好了！"

　　紫禁城午门前，守卫城门的御林军整戈肃立。段玉裁和陈水远向守门卫士行礼，并说："我等乃江南举人，是前来京城参加会试的。"卫士告诉段玉裁，会试应去礼部，从这里向西走 500 步即到。段玉裁向卫士解释说，我们现在要去文华殿参见大学士于敏中大人，有一封信我得亲手送给他。卫士问段玉裁姓甚名谁，于敏中大人是你什么人？段玉裁回答说，我姓段名玉裁，于大人是我的同乡。卫士说，好，稍等片刻，待我进殿禀告后再说。

一会儿，段玉裁和陈水远由一名卫士领着走进文华殿。他们边走边看，金碧辉煌的皇宫，雕梁画栋的殿堂，诸如太和殿、文华殿、武英殿等，简直使他们眼花缭乱、应接不暇。

段玉裁和陈水远走进文华殿，见到正在伏案书写文稿的于敏中，便拂袖跪拜，并同声说道："江南小儒特来参见大学士。"于敏中站起身说："快请起来。"于敏中看着段玉裁问："你是——？"段玉裁说："晚生是金坛人，姓段名玉裁。"

于敏中噢了一声说："你的名字我听说过。"于敏中转身问陈水远："你是——？"陈水远说："回禀大人，我姓陈名水远，是江苏武进人，同玉裁兄是好友。"

于敏中微笑着看着段玉裁说："你长得很像你的父亲。去年春，吏部侍郎兼江苏学政尹会一对我说过你的情况，他说你通晓经史，有过人之才智。"段玉裁说："大人过奖了，其实晚生才疏学浅。"

在谈话中，段玉裁从挎包中取出一封信，站起身双手递给于敏中，并说："这是您的母亲托我带来的家信。"于敏中看完信后，告诉段玉裁道："家母想来京城看看金銮殿，做儿子的应该满足她老人家的要求。可是，她年迈体弱，千里迢迢，如何来得了。再说，就是来了，非重要的文臣武将不能进入金銮殿。这件事难办啊。"

于敏中沉思了一下说："段玉裁，这样吧，我有幅金銮宝殿彩图，待会试结束后，请你带回去给我母亲，让她看看彩图吧，这也算我做儿子的一点孝心嘛。"段玉裁说："是！"

于敏中看了一下计时钟说："今天时间已不早了，段玉裁，你们二人随我同行，到我家吃住吧。"于是三人边走边说来到于敏中家。翌日清晨，在于府后院长廊，段玉裁和陈水远随于敏中散步。主人说："武进、金坛乃才子之乡，这次你们二人进京应考要为家乡增光啊！"段玉裁和陈水远齐声说："大人所言甚是。"

于敏中、段玉裁和陈水远走进一小亭坐下。于敏中说："参加会试，最好考前要有名师指点，我为你们介绍一位戴震先生，此人博学多才，他的文章很注重伦理、考证和章法。"

戴震是何许人也？戴震（1724—1777）字东原，生于雍二元年（1724），幼时家贫，却孜孜向学。蒙学阶段，每天背书"数千言不肯休"，又养成于学寻根究底，务穷其原的良好习惯。据段玉裁《戴东原先生年谱》载，戴震幼时，塾师授其《大学》章句，刚读完第一章原文和朱熹集注，他便问塾师："此何以知为孔子之言而曾子述之？又何以知为曾子之意而门人记之？"。十七岁，戴震结束蒙学生涯。十八岁，随父客居南丰。大约在乾隆七、八年之时，戴震曾欲拜同族人戴瀚为师，据说后来戴震访知戴瀚不过时文作者，便弃去此念。到了二十岁时，戴震终于拜到了自己心目中的真正老师，这个人就是徽州府婺源的硕儒江永（1681—1762）。戴震经过江永的一番指导，本有根基的他学问至此完全成熟，从此开始他自己的研究发明。二十二岁，就拿出了自己的第一部著作《筹算》，这是一部属于自然科学的研究成果，它"是乾隆年间基础数学最重要的著作之一，代表了那个时代的学术水平"。继此之后，戴震于二十三岁写成《六书论》三卷，二十四岁写成《考工记图注》，二十五岁写成《转语》二十章，二十七岁写成《尔雅文字考》十卷。三十岁写成《屈原赋注》，三十一岁写成《诗补传》。"这些著作传到浙江，浙江学人中有人读其书，想其人，恨不相识，传到江南，查定庐、沈冠云等古稀老人皆引以为忘年交"。这说明戴震在三十岁以前所取得的学术成就已使他成为声震学界的大儒了。关于他治学的特点，他在后来写给段玉裁的信中有很好的表述，他说：仆自十七岁时，有志闻道，谓非求之六经、孔、孟不得，非从事于字义、制度、名物，无由以通其语言。宋儒讥训诂之学，轻语言文字，是犹渡江河而弃舟楫，欲登高而无阶梯也。他认为治经必须从语言文字入手，这是典型的考据学家的自白。

从上面所列举的戴震三十岁以前的成果来看，戴震在这个时期还没有哲学方面的著述。他的声震遐迩无疑是因为人们服膺他的考据学成就。

此后，他在三十二岁时写成《勾股割圜记》、《周礼太史正岁年解》二篇，《周髀北极璇玑四游解》二篇，此外还著成《经考》《经考附录》等。到了三十八岁，写成《原善》上、中、下三篇，这是研究人性问题的哲学论文。这三篇文章的诞生，使戴震的头上又多了一道哲学家的光环。这样，戴震在当时就集经学、小学、哲学、天文、数学等诸项研究于一身，是十足的后起之秀。这些成就，连吴派领袖惠栋也为之嘉许，并于垂暮之年亲自接见了戴震，这在当时的学界是十分不容易的事。

乾隆二十七年，戴震中江南乡试，成为举人。转年春，会试礼部于京，不第。滞留于京，居新安会馆。

在新安会馆门前，段玉裁和陈水远由一守门人引入戴震的书斋。他俩向戴震施礼，并说："江南儒生段玉裁、陈水远拜见大师。"正翻开《原善》书稿准备写作的戴震说："两位儒生请就座。"他拆开段玉裁递过来的信说："噢，原来二位是大学士于敏中大人介绍的。"他看着段玉裁问道："你是…?""我叫段玉裁。"段玉裁答道。陈水远也做了自我介绍。

此时，戴震起身指着端坐在书斋、正在阅读经文的两位儒生说："这位是安徽桐城来的举人姚鼐，那位是当朝吏部尚书的大相公江苏高邮人王念孙。各位都是举人，来此温习经文，准备参加礼部会试，可谓群贤会聚读经文，比高低。"在场的人都微笑着点头致意。

段玉裁和陈水远在戴震的指导下，认真阅读诗文。段玉裁忽然发现了戴震写的《声韵考》一书，他翻看了几页，低声自语地说，好书！好书！戴震察觉段玉裁在看他的《声韵考》，看样子似乎有点爱不释手，便问段玉裁："你对音韵学感兴趣吗?"段玉裁回答说："晚生从启蒙开始以后，就喜欢赋诗填词，更喜爱音韵训诂之学。"戴震对段玉裁说："你可借去阅读，不过现在面临会试，你要认真钻研如何写好八股文章之法，待会试以后，再阅读《声韵考》，钻研音韵学。"段玉裁说："谢谢戴先生的赐教。"

夜幕降临以后，段玉裁和陈水远走在大街上。这时，有一老一少提着灯笼走在他们前面，年长的人肩上背着一个沉甸甸的包裹，低声地说着，这 500 两银子是送给主考大人的，儿啊，你这一次能否榜上有名，就看这笔银两的作用了。可能是他们知道后面有人，加快了步伐，拉开了距离，谈话声也听不清了。

陈水远说："段兄，于敏中与你是同乡，我们可否请他跟会试主考官打个招呼，你看怎样?"段玉裁回答说："不可这样，不凭真才实学，而以送礼说情求取功名，这是歪门邪道，我等绝不能如此作为。"

在会试前夕，段玉裁和陈水远夜宿于敏中家后院偏房，秉烛夜读。于敏中推门入室，对段玉裁、陈水远说："时已子夜，你们明日要应考，快安睡吧！"两人齐声说："是，我们马上就寝，大学士晚安。"在于敏中走出他们的卧室之后，他们便上床入睡。不久，陈水远发出鼾声，段玉裁又穿衣下床，伏案抄写戴震所著《声韵考》。

会试之日的清晨，来自全国的 300 名举人排列在书有"大清礼部试院"匾额的排楼前。姚鼐、王念孙、段玉裁和陈水远也在列队之中。应考者井然有序地进入试场大门。

在文华殿内，吏部侍郎兼江苏学政尹会一坐在于敏中的对面。在禀报公务的同时，尹会一对于敏中说："此次会试，不知金坛的举人段玉裁能否考中？"于敏中说："这个嘛，你就不必担心了。"尹会一说："段玉裁是个人才，不过在批阅试卷中，看法不一，手高手低是常有的事，我准备去礼部找主考官打个招呼。"于敏中摇摇头说："不行！你是吏部官员，不应插手礼部的事。"尹会一说："我担心他们不了解段玉裁，也不知道段玉裁与你是同乡。"于敏中说："是才不是才，考场见分晓，朝廷科举选才有标准，你要相信礼部啊！同时，你切莫说我与段玉裁是同乡。"尹会一说："于大人所言甚是。"

礼部会试后不久，试院门前贴出录取贡士榜。参加应考的举人争先恐后地仰着头看榜。姚鼐、王念孙、段玉裁和陈水远也挤在人群中拉长着脖子看着。在 50 名贡士题名录中，姚鼐名列第三，王念孙、段玉裁和陈水远三人榜上无名。

榜上有名的姚鼐喜笑颜开，落第者垂头丧气。陈水远叹了一口气说："唉，名落孙山，回去何以见人？"王念孙满有信心地说："不要灰心，以后再来考。"姚鼐说："对，你们不要灰心。"

段玉裁和陈水远回到于敏中家的后院偏房，二人抱头大哭。在后院散步的于敏中闻声赶来，并问："你们这是为何？"二人见是于敏中，边哭边跪着说："我俩辜负了大人的一片苦心啊！"于敏中扶起二人，同时说着，战场胜负乃兵家之常事，考场取否亦儒人之便饭，你二人千万不要气馁，有志者事竟成，今年落第，今后再考，你俩还年轻，只要锲而不舍，金石可镂！

段玉裁说道："谢谢您的关心与赐教，我们准备明日就动身回家去了。"于敏中说："不，做学问遇到曲折，千万不能中途而废，要勇往直前。这样吧，你们二人暂不要回去，我介绍你们俩去景山万善殿书院，先就一教职。在那里，你们可以一边教书，一边自己认真读书，以后再考。"二人同声叫好，并跪拜谢恩。

京都郊外的万善殿书院，在林木葱郁、景色秀丽的景山脚下，是个读书做学问的好地方。一天上午，段玉裁和陈水远，带着于敏中的介绍信，走进书院大门，被迎接到里房住处。

陈水远对段玉裁说："玉裁兄，你就在此边教书边做学问吧，我陪你在这儿待一段时间，以后，我还准备回家去。"段玉裁说："水远呀，我们既来之则安之，这个书院非同一般，在这里就读的学子，基本上都是朝廷文臣武将的子弟啊，论条件和环境，是读书做学问的好地方呀。"陈水远却伤感地叹了一口气，哎！自己考不中，还教什么纨绔子弟啊。

段玉裁继续安慰陈水远说："水远呀，人生道路本来就是曲折的，我们不能遇到曲折就回头，应该勇往直前。"陈水远听了段玉裁的一席话，就说："段兄啊，你的话说得有道理，好吧，我就陪你在这儿安营扎寨吧！"

在书院讲堂里，正面挂着一幅大成至圣先师孔子的全身画像。段玉裁站在孔子像前的讲台上，面对着20多名十四五岁的学子讲解诗文。他左手执卷，右手曲后，诵读《孟子》上的一段论说："民为贵，社稷次之，君为轻。是故得乎丘民而为天子，得乎天子为诸侯，得乎诸侯为大夫。诸侯危社稷，则变置。牺牲既成，粢盛既洁，祭祀以时，然而旱干水溢，则变置社稷。"

段玉裁读后问众学子们，这段话论证了一个什么道理，有谁知道，请站起来回答。开始，学子们有的相互观望，有的交头接耳，无人正面回答。段玉裁重复一下说，有谁知道它的意思请讲给大家听听好吗？这时一学子站起来说，先生，我来回答。段玉裁说，好，请讲。这位学子说，这句话的意思，我领会它说的是"以民为本"。段玉裁微笑着点头说，这是孟子所一贯主张的"以民为本方能王天下"的思想。

段玉裁在景山万善殿书院边教书边认真做学问，经过两年多时间，思想上也感到适应了。为了更好地实现他的求知愿望，一天，他走进新安会馆，提出要拜戴震为师，并跪拜不起。正在伏案写作的戴震，忙站起身扶着段玉裁，并连声说："快请起！我们彼此彼此，你要拜我为师我不敢当啊。"段玉裁说："你不收我为弟子，我将跪拜不起身。"戴震无可奈何地说："我同意暂做你的师友，好吧。"

戴震请段玉裁就座后说："玉裁，你要做我的弟子，今天我就不客气地来考你一下好吗？"段玉裁说："请先生赐教。"戴震

提问说，"先秦时期，我国古人对朋友的'友'字如何解释？"段
玉裁沉思了一下说："古人所谓'友'，就是相互学习、交流情感
之义。"戴震说："那么我们还是以古人之'友'相称好吗？"段
玉裁说："先生博学多才，永为我师。"

由于戴震的谦让，他开始只承认他同段玉裁之间是学友关系。
直到 6 年后，在段玉裁的执礼恭敬和尊师的实际行动感召下，他
们之间才以师生相称。此事在乾嘉儒林史上曾被传为佳话。

段玉裁是个虚怀若谷、勤奋好学的人。他拜戴震为师，获益
匪浅。他的这位老师学识渊博，著述宏富，他不仅在音韵和文字
训诂方面造诣很高，而且在伦理道德、哲学、天文、历史、地理
和数学等方面都有深厚的功底。

段玉裁不仅非常敬重老师，而且对老师的著作也爱不释手。
他每读一本书后，都要向戴震谈自己的体会。他将戴震《声韵考》
一书的手稿，不仅从头到尾认真读了好几遍，而且全文抄了下来。
他对戴震说，老师的这本《声韵考》写得太好了，我读了受益很
大，解开了我脑子里对音韵学方面存在的许多疙瘩，简直使我爱
不释手，所以我将它全文抄下来了。

戴震拿着段玉裁的手抄本，非常感慨地说，玉裁啊，你真是
做学问的有心人！

段玉裁在认真做学问的过程中，常向戴震请教，师生之间既
交流做学问的体会，也交谈做学问的要求和方法。有一次，师生
在交谈为学之道的问题时，戴震对段玉裁说："我本人的体会，
做学问要有准则。这个准则就是'求真务实'，也就是说，论理务
必求真，遇事必须务实，绝对不能浅尝辄止，做表面文章。只有
这样，才能获得真才实学，尤其是我们做音韵和文字训诂之人，

必须遵循这一准则，否则会华而不实，谬误百出。"

师生之间的每一次交谈，双方都感到互有启发，特别是段玉裁体会尤深。他对戴震说，学生每次向先生请教，都有新的感受，您不愧是我的良师益友啊！戴震说，哪里，哪里，我们是互相切磋嘛！

段玉裁和陈水远在万善殿书院边教书边做学问。在两年多的时间里，陈水远由于思想上存在情绪，一直不安心在那里，常流露说，会试未中，流落京都，回不得家乡，没有面孔见爹娘，这样混下去有什么意思呀？

一天晚饭后，段玉裁针对陈水远的思想，同他进行了长时间的交谈。段玉裁开门见山地说，水远呀，于敏中大人说，胜负乃兵家之常事，考试是否榜上有名是读书人的家常便饭。我看你不要老是为此心情不快。再说科举考试虽是读书人进入仕途的台阶，但仕途并非读书人唯一的前途。我认为，一个读书人，只要能认真做学问，有了真才实学，为后人作出贡献，照样能流芳百世，名扬千秋嘛，这是更光明的前途呀。我们决不要灰心丧气，要积极认真做学问，准备下次再参加会试。

段玉裁在 29 岁那年春，同陈水远第二次参加京都会试，但二人又未中。接连两次会试不中，思想上难免产生新的苦恼。特别是陈水远在思想上和行动上出现反常现象。段玉裁以自身如何化解两次乡试落榜后的苦恼为经验劝说陈水远。

可是，陈水远在思想上越来越感到苦闷和走投无路，一连几天，日不思食，夜不成眠，虽经段玉裁多次劝说，情绪仍未能好转，以致终于走上了绝路。

一天深夜，陈水远在同榻的段玉裁酣然入睡以后，轻轻掀开被子下了床，在黑暗中穿好衣服，悄悄走出宿舍，登上景山。陈水远走近一亭台旁的古松下，手上拿着绳索，坐在石凳上，抱头痛哭。他边哭边呜咽着说，两次会试均未中，无脸回乡见父老兄弟，山穷水尽，走投无路，今日只有一死了之！

　　一会儿，陈水远站起身来，面对书院叫着，玉裁兄，永别了！而此时，正在梦乡中的段玉裁又怎能听得到呢？

　　陈水远站在一块垫脚石上，将绳索拴上树枝，扎好扣，并将头颈套入绳扣，踢倒垫脚石，吊在古松下。在深夜的山林间，除了阵风吹拂林木发出呼呼声和偶尔听到栖息在树上的鸟雀声外，一片沉寂。

　　睡梦中的段玉裁，在床上翻了个身，发现同床的陈水远不在身边，就惊恐地坐起身。他边叫水远，边穿衣下床，走出宿舍门，四处寻找，并连声叫着水远，却无人答声。

　　此时，段玉裁知道情况不妙。他疾步登上景山，来到亭台前，忽见一棵古松下悬着一个黑影。他走近一看，吃惊地发现是一具身体，再仔细一看，原来就是陈水远，舌头伸出唇外，双目圆睁，摸摸他的胸部还有热气。段玉裁一鼓作气，迅即将绳索解开，将陈水远平放在地上，虽做了简单的人工呼吸，但陈水远的心脏已停止了跳动。

　　段玉裁急忙跑回书院，请人将陈水远的遗体抬到书院的一个偏室里。不久，他痛心地掩埋了同伴的尸体。

　　一天深夜，在万善殿书院的宿舍里，有一个学子睡在床上，脑子里出现梦幻，迷迷糊糊，似乎看到上吊自缢的陈水远，穿着白纱长衫，从景山上飘然而下，伸着长舌，眼睛圆睁，来到书院，走进卧室。那学子吓得狂叫起来，吊死鬼来啦！

霎时间，左右卧室的学子们都被惊醒。段玉裁也在嘈杂的人声中起了床。众人问，发生了什么事？有的人头缩在被子里，有的人起身问吊死鬼在哪里？闹得人心惶惶，使大家无法入睡。由于心有余悸，接连好多天，整个书院的学子都惶惶不可终日。

在书院闹鬼的事情发生后不久，段玉裁背着行李和书包，带着满面愁容，走进新安会馆。正在书房著书立说的戴震见到段玉裁的到来十分高兴，可是看到他那一副窘相，又担心是否出了什么事情。他问："玉裁，你这是怎么啦？"段玉裁很苦恼地回答说："我被书院辞退了。"戴震惊奇地问："为什么？"段玉裁含悲说："最近一个时期，书院夜间闹鬼，有个学子在夜梦中惊叫说吊死鬼来到他们卧室，闹得整个书院都惶恐不安。他们竟然将责任强加于我，书院也因此辞退了我。人死了，还有什么鬼魂，这简直是无稽之谈！"

段玉裁离开万善殿书院后，在戴震的新安会馆暂住。这期间他认真阅读戴震借给他的著作，师生在一起可以随时进行学术上的研讨。戴震认为，这是教学相长的好机会。

然而，段玉裁却认为，不能长时间住在戴震那里叨扰老师，还是要找个落脚点，边做点事，边做学问。

在段玉裁确定去处后，一天下午，他收拾行装，整理书本和资料，并向戴震说："老师，您以前借给我的书本和手稿，我将读完的先还给您，尚未读完的，让我读完后再还给您，好吗？"戴震说："当然可以！"

戴震感到段玉裁像要离开他的样子。他问玉裁，你准备到哪里去啊？连问几声，段玉裁似乎难以启齿回答。虽经戴震再三挽留，段玉裁还是告别了新安会馆。

段玉裁离开新安会馆后，来到北京法源寺莲花庵旁的一家石灰窑工地。他同工场主已洽谈好，要为工场搬运石头烧石灰。

石灰窑工地上，十几个工人抬着石头，艰难地走上窑顶，将石块倒向炉中，然后点燃炭火，霎时火舌喷射，浓烟滚滚。

有一天，段玉裁与一个工人抬着一箩筐石头，他跟跄地走在前面，可是在走向窑顶爬坡时，不小心摔倒在地，人与石块同时翻滚到窑炉下。段玉裁和那位工人又重新装好箩筐，继续抬着。那位工人问他："老弟，看样子你不是穷苦人家出身，可能是个读书人吧。"段玉裁支吾着说："不，不，我在家种过地，是个庄稼人。"那位工人接着说："你到这里来做苦工，三天挣不到一块钱，划得来吗？"

段玉裁和那位工人不停地往返搬运石头，工人装箩筐，他拿着扁担站在石堆旁。忽然，他发现一块刻有篆文的大石碑，工人正欲举锤砸碎，段玉裁忙呼："且慢！"工人放下铁锤问道："怎么了？发现什么宝贝啦？如果是宝贝，倒要分给我一份。"段玉裁指着那块石碑对工人说："它虽不是什么宝贝，却是一块有考古价值的石碑，上面的碑文我有用呢，请你帮我将它移到旁边去吧。"

收工后，段玉裁找来宣纸和墨汁，将碑文印成拓本，以便研究文字的形体。

在工棚内，经过一天劳动的工人们，都横七竖八地躺在床上鼾声大作了。而段玉裁却在一盏小油灯下认真地查阅资料和研究碑文。他不仅汗流浃背，时而还要用手驱赶蚊虫，那讨厌的跳蚤也不时地在他身上发难。

远处的鸡鸣已第三遍了，段玉裁熄灯和衣上床休息。东方刚刚发白，段玉裁走出工棚，来到莲花庵旁的乱石堆旁。他又发现一块石碑。用手搬去石碑上的乱石块，正在低着头仔细看碑文，忽然旁边一块石头坍塌下来，压在他身上。顿时他发出啊的一声惨叫，昏倒在地。正巧有两个下山抬水的小尼姑，闻声放下水桶，急奔过来，搬开石块，救出了段玉裁。

两个小尼姑看着身受重伤的段玉裁，相互对视着，同时问对方该怎么办？一个说，他的伤势不轻，快将他抬到庵里去。另一个则说，那不行！男子怎能随便进尼姑庵呢？师父知道了，要责怪我们的呀！

正在两个小尼姑不知所措的时候，忽然间，一个小尼姑发现段玉裁的挎包里有一本书的封面上写着《古历考》，并有戴震的署名。那个小尼姑说，他是戴震家里的人，快将他送到新安会馆去。

躺在床上的段玉裁，不时发出疼痛的哼声。戴震用冷的盐开水为他清洗头部和肩部的伤口，洗完敷药包扎。姚鼐和王念孙也来帮忙。段玉裁一连几天躺在床上，双目紧闭，身子不能动弹。

一天下午，尹会一闻讯来到新安会馆，他在戴震的陪同下走进段玉裁的卧室。段玉裁见到尹会一的到来，两眼泪如泉涌，支撑着身子欲坐起来。尹会一和戴震同声说，玉裁，你躺着莫动，安心养伤。

戴震领着尹会一、姚鼐和王念孙走进他的书房。人们就座后，尹会一问戴震，段玉裁为什么跑到石灰窑去做苦工？戴震向尹会一禀报了段玉裁的近况，以及他为什么离开万善殿书院，又是怎么去做苦工的情况。戴震接着说，段玉裁离开万善殿书院，来到我这儿，本来我叫他在这里住一段时间，一起做学问，待机再去做点其他合适的事情，可他急着要走，我再三挽留，他不听劝说，结果出现如此情况，令我深感遗憾。

半个月以后，段玉裁的身体逐渐好转。他不等完全康复，带着伤痛坚持写完了《诗经韵谱》和《群经韵谱》。钱大昕阅后，欣然举笔赞道：

金坛段君茂堂撰次《诗经韵谱》及《群经韵谱》成。予读而善之，遂序其端曰：自文字肇启，即有音声，比音成文，而诗教兴焉。三代以前无所谓声韵之书，然诗三百篇具在，参以经传子骚，类而列之，引而伸之，古音可偻指而分也。许叔重云："仓颉初作书，依类象形，故谓之文。其后形声相益，即谓之字。"文字者终古不易，而声音有时而变。五方之民言语不通，近而一乡一聚犹各操土音，彼我相嗤，矧在数千年之久乎？谓古音必无异于今音，此夏虫之不知有冰也。然而去古浸远，则于六书谐声之旨渐离其宗。故惟三百篇之音为最善。而昧者乃执隋唐之韵以读古经，有所龃龉，屡变其音以相从，谓之叶韵，不唯无当于今音，而古音亦滋茫昧矣。明三山陈氏始知考《毛诗》《屈宋赋》以求古音。近世昆山顾氏、婺源江氏考之尤博以审。今段君复因顾、江两家之说，证其违而补其未逮，定古音为十七部，若网在纲，有条不紊，穷文字之源流，辨声音之正变，洵有功于古学者已。古人以音载义，后人区音与义而二之。音声之不通而空言义理，吾未见其精于义也。此书出，将使海内说经之家奉为圭臬。而因文字音声以求训诂，古义之兴有日矣，讵独以存古音而已哉！

钱大昕是上海嘉定人氏，比段玉裁长七岁。少时聪敏，喜读书，辞章为"吴中七子"之冠。钱大昕与段玉裁自从在钟山书院相识后，两人结为好友。今日又在新安会馆共同研讨音韵文字之学。

　　钱大昕对古音学也颇有研究，尤其是对声母的研究。他认为：舌音类隔之说不可信，古人多舌音，后代多变为齿音，影喻晓匣四母古人不甚区别。然而，钱大昕今日见段玉裁在音韵学领域里的研究成果如此惊人，钱大昕文德高尚，不搞文人相轻。他对段玉裁的《诗经韵谱》和《群经韵谱》极为推崇，盛赞"此书出，将使海内说经之家奉为圭臬"。圭臬，本是古代天文仪器，可以测定节气和一年时间的长短，后比喻准则或法度。

五、出任知县　体察民情

段玉裁在 32 岁那年，又第三次在京都参加会试，结果仍然未中。由于屡试不中，他改变初衷，专心致志地做学问。在他 36 岁那年，曾准备回家乡专注"说文"。师友们都劝他说，既然勤奋苦读数十载，而且身为举人，还是等待机遇，谋个一官半职为好。

一天下午，尹会一到新安会馆看望戴震，谈及段玉裁的情况。戴震对尹会一说："段玉裁不仅是个举人，而且德才兼备。尹大人对他是了解和关心的，他如果作个朝廷命官还是具备条件的。您是吏部侍郎，这件事就拜托您了。"

段玉裁住在新安会馆期间的一天，他接到一封家信，马上拆开来看。戴震注视着段玉裁的神色由喜转忧，他很关心地问："家里来信，说了些什么？有什么难办的事情，能否告诉我？"段玉裁欲言又止地连声说："没什么，没什么。"但戴震还是不放心，他对段玉裁说："玉裁呀，你家庭有什么困难，尽管向我讲就是了，我能帮助的，绝不推却。"

段玉裁慨叹了一声说："妻子来信讲，母亲年老体弱，生病已两个多月不能起床了，治病需要钱，而我在万善殿书院拿到的一点薪金，为安葬陈水远已经用完了。来信说家庭经济上的困难，我目前无法解决啊！"

戴震听了段玉裁谈的家庭情况，深表同情。他说："玉裁啊，这样好吧，我参加修订《四库全书》拿到的一点修订金，计40两银子，就给你寄回家作安排。"段玉裁连忙说："不，先生啊，我知道您的家庭经济也很拮据呀，我怎能用您的银两呢？"戴震说："玉裁呀，俗话说，救急不救穷嘛，我这一点银两是给你的家庭解决燃眉之急的呀，你不用再推却了。"此时，段玉裁向戴震跪拜说："谢先生助我之大恩，有朝一日我一定要回报的。"

乾隆三十六年（1771）春，吏部铨授段玉裁为贵州玉屏县知事。过去的贵州，人们曾有这样说法，叫做"天无三日晴、地无三尺平、人无三两银"。这说明贵州的自然条件不好，在封建地主阶级统治下，老百姓处于极端困苦之中。玉屏县是贵州的偏僻山区，人们的生产和生活条件都很差。段玉裁来到这个县当父母官，常微服深入百姓之中，体察民情，帮助解决百姓疾苦。

乾隆三十八年（1773）秋，段玉裁被调至四川富顺县，先后任代理知事和知事。他到富顺的第一件事，就是整肃县衙政纪。他坐堂向众县尉和衙役训示说，本知县到黔川才两年多时间，初知百姓之疾苦。此地处于五岭发脉之所，边远闭塞，连年灾荒，民不聊生，盗贼出没于五岭之野，百姓折腾于水火之中，我要求诸位要恪守职责，以民为本。

段玉裁不仅是这样向下属说的，而且他自己也是这样带头做的。有一次他微服出访，周县尉便装扮成随从。两人迈步走在崎岖的山道上，蒿草连遍，乌鹊哇哇叫，满目疮痍。一片荒凉。眼前忽然出现一座茅屋，屋内传出一位老妇人的叫喊声。她叫着，儿啊，快回来吧！

段玉裁走到茅屋门前，推开劈啪作响的竹篱笆门，同周县尉一起进入室内，见有一位老妇人躺在床上，眼睛半睁半闭，气喘吁吁，嘴巴一张一合。段玉裁坐在老妇人的床边，叫着："大娘，你身体不舒服吗？"老妇人睁开眼睛问："你们是谁？"段玉裁说："我们是过路的。"老妇人说："你们快去赶路吧！"段玉裁说："大娘，你有什么困难请告诉我们，我们可以帮助你解决。"老妇人说："哎！我大儿子出去已好长时间了，还没有回来，我在家里已几顿没有吃的了，快要饿死我啦！"

段玉裁赶忙对周县尉说："快将我们带的干粮拿来。"他将面饼送到大娘的嘴边，叫声大娘快吃。老妇人听说有吃的面饼，睁大眼睛，惊奇地看着段玉裁他们，挣扎着坐起来，接过面饼大口大口地吃着。周县尉端来一碗水给大娘，她边吃边说，你们真是好人呀！

段玉裁问大娘："你们家有几口人？"老妇人含泪说着："现在就剩下我同大儿子两个人了，可怜我的丈夫和十一岁的小儿子，前天被饿死了，就埋在房屋后面的山坡上。"她边说边哭着，面饼也不吃了。段玉裁接着问大娘："你的大儿子到哪里去了？"她说："今天一早就出去找吃的了，到现在还没有回来，恐怕也饿死在外面了。"她说着，忍不住伤心地放声大哭起来。

段玉裁问："你的大儿子叫什么名字？"大娘告诉段玉裁："大名叫莎彝木，小名叫山野子。"段玉裁安慰老妇人说："你先别着急，我们马上到山上去将他找回来。"

段玉裁和周县尉走出茅舍来到一座山坡下，忽见一个小伙子在追赶着什么。过一会儿，他右手抓着一条蛇的尾巴，来回在石头上用力摔打，蛇被打死以后，就剥去蛇皮，生吞蛇肉。他抬头看见有两个人向他走来，于是隐蔽在一块大石头后面。当段玉裁走近那块石头时，他忽然窜出来，用左手抱住段玉裁的腰部，右手拔出身上佩带的尖刀。周县尉急忙喊住手，并一脚踢去小伙子手中的刀子。那小伙子拾起尖刀又扑向周县尉，两个人打得难解难分。

段玉裁忽然叫道："山野子，你住手，别再打了！"山野子听到段玉裁呼叫他的小名，他的仇恨和怒火，似乎一下子全然消失了。这时，山野子转身向段玉裁方向逼近，段玉裁也神情自若地迎上前去，并说道："小兄弟，你的大名叫莎彝木，小名叫山野子，是吗？"

周县尉在一旁叫喊着："知县大人，请注意，他手上有刀！"山野子听说是知县大人，大吼一声说，狗娘养的，原来你就是知县，我就是要杀你们这些骑在百姓头上的狗官！段玉裁解释说："山野子呀，我们是好人，是来了解你们疾苦的啊！"山野子叫一声："呸！你们当官的只是压榨我们的血汗，根本不问老百姓的疾苦。"他说罢，跨步举刀刺向段玉裁。段玉裁身子一闪，山野子由于用力过猛，摔倒在地。周县尉急步走到段玉裁身旁，他们两人同将山野子扶起。段玉裁说道："山野子啊，你有什么苦衷，我们到你家里去好好谈谈，好吗？"山野子点点头。

山野子领着段玉裁和周县尉回到自己的家。他走进门叫了一声，娘，我回来啦！老大娘听说儿子回来了，振作精神坐了起来。她告诉山野子，这二位老爷是大好人呀，他们不仅给我吃的，还送了两块银元给我。她手上拿着银元叫儿子看，这就是他们送给我的银元。

这时，山野子对刚才发生的误会感到十分愧疚，便向段玉裁下跪，几次叩头。并连声说："多谢老爷！"段玉裁扶起山野子，并说道："川西的老百姓是苦啊。"山野子叹口气，说道："我们这里连续三年大旱，官衙和土司恶霸们欺诈老百姓，加上战祸连年，我们真是无法活下去了！"

山野子接着说："老爷啊，你们能带我走吗？到你们官衙。随便什么苦差使我都愿意。"段玉裁问山野子："你离开家，那你的老娘怎么办呢？"山野子说："她生活上能自理，只要有饭吃就没问题了。"

段玉裁、周县尉和山野子三人向回县城的路上走去，沿途荒山秃岭，哀鸿遍野。前面忽然出现两个中年男子，用门板抬着一具尸体。一个女子跟在后面，边走边哭。段玉裁走上前去问那位妇女，门板上躺着的那位大爷是你什么人？他是怎么死的？那位妇女哭着说，他是我爹，是活活饿死的。段玉裁叹了一口气说，经常饿死人，身为父母官，岂能不管？！

一天清晨，在富顺县城门外，许多人在围观县衙张贴的告示，告示上写着，开仓济贫，每个灾民粮两斗。围观者中有人在叫喊："新到的段知县开仓放粮，救济老百姓啦！大家快回去拿口袋到粮仓去分粮啊！"

段玉裁吩咐周县尉，城北有东、西两个粮仓，你率人去打开东粮仓，按照户籍和灾民人数发给救济粮。

灾民们蜂拥来到城北东粮仓。周县尉吩咐衙役们发粮，段玉裁也亲临现场指挥。灾民们向段玉裁跪拜，口呼谢谢段老爷救命之恩！

段玉裁看到山野子背着口袋在人群中，他让山野子快将粮食送回家，将老母亲的生活安排好，然后马上回县衙，任用他为富顺县衙役。

在乾隆年间，四川省曾发生大小金川叛乱。清廷派定西将军阿桂、副将军海兰察率千余士卒来到富顺县。阿桂跨下战马，命段玉裁接旨，段玉裁下跪听旨。阿桂传旨说，今川西边境发生大小金川叛乱，特命富顺代理知县段玉裁兼办化林坪站务，确保军用粮草之运输，协作平叛。段玉裁跪着说，吾皇万岁，遵旨。

阿桂叫声段玉裁，我奉朝廷之命出任定西大将军，我们要紧密配合，平息叛乱！段玉裁回答，是！

阿桂问段玉裁："刚才我在街上看到有不少人背着粮袋，那是怎么一回事？"段玉裁说："禀告定西大将军，这是本知县向灾民发放救济粮。"阿桂说："不行，全部给我收回，作为军粮！"

段玉裁叫声将军，您听我说，发给灾民的是我县东大仓的民用粮，那西大仓才是军粮。阿桂坚持说："你知道么，行军打仗。粮食多多益善，快给我收回！否则将你治罪！"

段玉裁挺身解释说："将军啊，本人作为富顺的父母官，眼看灾民被饿死，我岂能见死不救？再说，国以民为本，民以食为天啊，如果为官于民不德，有患于社稷。对老百姓只有皇恩浩荡，才能有利于平息叛乱，从而也才能安民兴邦啊！"

阿桂发怒道："你少说废话，小小七品芝麻官，竟敢如此说话，快给我将粮食收回，不然的话，我要砍下你的脑袋！"阿桂说着，手上的令剑已经出鞘。周县尉见势不妙，忙按着阿桂的手，连声说："将军息怒，将军息怒，我等马上就将发出的粮食收回。"

灾民们体贴知县的难处，将已发放的救济粮送回粮仓，人们唉声叹气，怨声载道。

当阿桂和海兰察率军西进后，段玉裁下令，继续开仓放粮，灾民们再次获得救济粮，无不感到段玉裁是为民请愿的好官。

六、为官之余　勤于学问

段玉裁来富顺上任不到半年，兴办书院两所，私塾二十余家。有时，段玉裁还亲自去书院授业，他说："不学《礼》，无以立；不学《诗》，无以言。"

段玉裁大力兴办学校，教民改良耕作、治山治水。在繁忙的政务之暇，继续写作《六书音均表》。

夜深了，段玉裁正在翻阅宋朝陈彭年的《广韵》、明末清初顾炎武的《音学五书》和戴震之师江永的《古韵标准》。他发现《广韵》有 206 个韵部，实际上只有 61 个韵。他又发现顾炎武的《古均表》将上古韵分为十部，分韵未密。江永虽然弥补了顾氏的缺陷，把原被顾氏混入一部之中的不同韵部析离出来，创古韵十三部。但是，如果把江永的"萧宵肴豪与尤侯幽分用"的理论再深究一番，那么在《三百篇》中，"侯"与"尤幽"不是又可以细绎之吗？段玉裁想到这里，果断地得出结论，应当在江永十三部的基础上，增加"脂、之、真、侯"四部，共为十七部，并且将"支、脂、之"三部分立。

就这样，段玉裁每天白昼处理县事，夜间撰写韵书。

这本书共由五部分组成：《六书音均表一》，即《今韵古分十七部表》；《六书音均表二》，即《古十七部谐声表》；《六书音均表三》，即《古十七部合用类分表》；《六书音均表四》，即《诗经韵分十七部表》；《六书音均表五》，即《群经韵分十七部表》。

段玉裁的《六书音均表一》是概论，是他的音韵理论的精华。其中包括《第一部第十五部第十六部分用说》《第二部第三部分用说》《第五部第十六部入声分用说》《第六部独用说》《第九部独用说》《第十部独用说》《第十二部第十三部第十四部分用说》《第十七部独用说》《古十七部平入分配说》《今韵同用独用未允说》《古十七部本音说》《古十七部变音说》《古四声说》《古谐声说》《古假借必同部说》《古韵随时代迁移说》《古音韵至谐说》和《古音义说》。全书共五万多字，宏纲大体，内容繁复，是我国古音学的一部重要著作。

段玉裁手抚《六书音均表》这叠厚厚的手稿，长吁一声，如释重负。推开窗户，重峦叠嶂已化为一片深黛，只有群星在夜空中闪烁。段玉裁遥望星空：天宇之大，星海之瀚，古人能将其分为二十八宿；中华汉字，音韵之繁，今日段某也能将其析为一十七部，这是炎黄子孙的我报效华夏祖宗所做的第一件事吧！

然而，此书是否尽善尽美了呢？段玉裁想到这里，不禁打了个寒战。对，快给京城戴震老师写信，以冀赐教臻善。

信中段玉裁写道："玉裁自幼学为诗，即好声音文字之学。甲戌、乙亥间，从同邑蔡一帆游。庚辰入都门，得顾亭林《音学五书》读之，惊其考据之博。癸未学于先生之门，观先生作《江慎修行略》，又知有《古音标准》一书与顾氏少异，而江氏有未尽也。后细绎之，九月书成，为表五。而所为《诗经小学》、《书经小学》、《说文解字注》诸书亦渐次将成。今辄先写《六书音均表》一部，寄呈座右。愿先生为之序，而纠其疵谬，则幸甚，幸甚！玉裁顿首。"

京城戴震先生接到弟子段玉裁的来信和《六书音均表》的手稿，大为惊喜。可是读着读着，却又皱起了眉头，大为不解，便写信反问玉裁："支脂之析为三部，为何不列于一处，而以'之'第一，'脂'第十五，'支'第十六呢？"

玉裁回信向先生解释："十七部的顺序出于自然，非有穿凿。取第三表细绎之，可知也。'之咍'音与'萧尤'近，亦与'蒸'近……"

原来，段玉裁的音韵排列，包含着深刻的音学道理，国朝鲜有人知，竟连精于审音的戴震也不甚理解。经段玉裁说解后，戴先生才知道自己的学生造诣如此深邃，发唐宋以来未宣之秘。戴震先生拍案叫绝："好，好。弟子不必不如师，师不必贤于弟子。真是青出于蓝啊！"

戴先生激动之余，欣然提笔为《六书音均表》濡墨作序：韵书始萌芽于魏李登《声类》，积三百余年。然皆就其时之语言音读，参校异同，定其远近洪细，往往有意求密，而用意太过，强生区别。今段君若膺伟其所学之精，好古有灼见。政事之余，优而成是书，曰《六书音均表》。段氏十七部，优于顾、江。大著辨别五支六脂七之，如清蒸真三韵之不相通。此书于古音之条理，察之情，剖之密，能发自唐以来讲韵者所未发。支脂之三分，实千有余年莫之或省者，一旦理解，按诸三百篇划然，岂非稽古大快事欤！休宁戴震序于四库馆。

在四川的段玉裁接到恩师戴震的来信，急忙整衣挽袖，走到庭院之中，面北而跪，诵读先生寄来的《序》……

此后，段玉裁和戴震多次书信往来畅谈学术。如乾隆四十二年正月，在为段玉裁作完《六书音均表序》后，戴震致信段玉裁说：古人曰理解者，即寻其腠理而析之也。曰天理者，如庄周言"依乎天理"，即所谓"彼节者有间"也。古贤人、圣人，以体民之情、遂民之欲为得理，今人以己之意见不出于私为理，是以意见杀人，咸自信为理矣。此犹舍字义、制度、名物，去语言、训诂，而欲得圣人之道于遗经也。

　　四月二十四日，又再次致信段玉裁说：仆生平论述最大者，为《孟子字义疏证》一书，此正人心之要。今人无论正邪，尽以意见误名之曰理，而祸斯民，故《疏证》不得不作。

　　戴震信中谈到的《孟子字义疏证》是戴震晚年的一部力作，虽名之曰"疏证"，却不是给《孟子》作训诂，而是"就《孟子》字义开示，使人知'人欲净尽，天理流行'之语病"。矛头所指就是理学家程、朱，旨在揭露"存天理，灭人欲"的鼓吹是以理杀人。在这部著作中，戴震开篇便讲论"理"，畅谈自己对"理"的看法。他写道：理者，察之而几微，必区以别之名也，是故谓之分理；在物之质，曰肌理，曰腠理，曰文理；得其分则有条而不紊，谓之条理。孟子称孔子之谓集大成曰："始条理者，智之事也，终条理者，圣之事也。"圣智至孔子而极其盛，不过举条理而言之而已矣。……天下事情条分缕析，以仁且智当之，岂或爽失几微哉！《中庸》曰："文理密察，足以有别也。"《乐记》曰："乐者，通伦理者也。"郑康成注云："理，分也。"许叔重《说文解字序》曰："知分理之可相别异也。"古人所谓理，未有如后儒之所谓理者矣。……天理云者，言乎自然之分理也；自然之分理，以我之情絜人之情，而无不得其平是也。《乐记》曰："人生而静，天之性也；感于物而动，性之欲也。物至知知，然后好恶形焉。好恶无节于内，知诱于外，不能反躬，天理灭矣。"灭者，灭没不见也。又曰："夫物之感人无穷，而人之好恶外无节。则是物至而人化物者也。人化物也者，灭天理而穷人欲者也；于是有悖逆伪诈之心，有淫逸作乱之事，……此大乱之道也。"……情得其平，是谓好恶之节，是谓依乎天理。古人所谓天理，未有如后儒之所谓天理者矣。……在己与人皆谓之情，无过情无不及情之为理。

这番议论是说宋儒讲的"理"、"天理"根本不是先圣讲的"理"、"天理"，他们的说法完全不合先圣的意旨。他还指出"理"与"情"相通，情得其平，就叫做依乎"天理"，存天理不能排斥"情"。

接着戴震又谈"欲"，他写道：孟子言"养心莫善于寡欲"，明乎欲不可无也，寡之而已。人之生也，莫病于无以遂其生。欲遂其生，亦遂人之生，仁也；欲遂其生，至于戕人之生而不顾者，不仁也。不仁，实始于欲遂其生之心；使其无此欲，必无不仁矣。然使其无此欲，则于天下之人，生道穷蹙，亦将默然识之。己不必遂其生，而遂人之生，无是情也。然则谓"不出于正则出于邪，不出于邪则出于正，犹往往有意见之偏，未能得理。而宋以来之言理欲也，徒以为正邪之辨而已矣。不出于邪而出于正，则为以理应事矣。理与事分为二而与意见合为一，是以害事。"徒以为正邪之辨而已矣。……《记》曰："饮食男女，人之大欲存焉。"圣人治天下，体民之情，遂民之欲，而王道备。人知老、庄、释氏异于圣人，闻其无欲之说，犹未之信也；于宋儒，则信以为同于圣人。理欲之分，人人能言之。故今之治人者，视古贤圣体民之情，遂民之欲，多出于鄙细隐曲，不惜诸意，不足为怪；而及其责以理也，不难举旷世之高节，著于义而罪之，尊者以理责卑，长者以理责幼，贵者以理责贱，虽失，谓之顺；卑者、幼者、贱者以理争之，虽得，谓之逆。于是下之人不能以天下之同情、天下所同欲达之于上，上以理责其下，而在下之罪，人人不胜指数。人死于法，犹有怜之者；死于理，其谁怜之！呜呼，杂乎老、释之言以为然，其祸甚于申、韩如是也！

戴震在这里引据典奥，说明"人欲"是客观存在，要顺遂之，不得以"理"灭之。

段玉裁看了老师向他倾吐的心里话，当会明白这是老师在向他阐述自己的学术精要。由于戴震未将《孟子字义疏证》抄寄给段玉裁，段玉裁当时没办法能读到《孟子字义疏证》，直到后来才得以拜读。段玉裁感到：老师不仅是一位有着训诂手段的大师，而且还是一位反理学的思想家。两个方面的分量相比，老师更看中后者。继承老师的衣钵，必须把老师反理学的思想作为精华吸收到自己的治学天地中去。

这可以从后来段玉裁注《说文》，至"理"、"欲"、"情"等字，情不自禁地据师说引申发挥看出。如"理"字：

《说文·玉部》：理，治玉也。

段玉裁注云：

《战国策》"郑人谓玉未理者为璞"，是理谓剖析也。玉虽至坚，而治之得其腮理以成器不难，谓之理。凡天下一事一物，必推其情至于无憾而后即安是之谓天理，是之谓善治，此引申之义也。戴先生《孟子字义疏证》曰：理者，察之而几微必区以别之名也。是故谓之分理。在物之质曰肌理，曰腠理，曰文理，得其分则有条而不紊，谓之条理。郑注《乐记》曰"理者，分也"。许叔重曰：知分理可相别异也。古人之言天理何谓也？情之不爽实也。未有情不得而理得之者也。天理云者，言乎自然之分理也。自然之分理，以我之情絜人之情，而无不得其平是也。

"理"字，从玉里声，本义是治玉。注解"理"字，构形无需说，本义则要找些书证进一步揭示，再次便是引申义。而引申义在引用戴震《孟子字义疏证》前大体已讲完。若从更饱满丰富的角度着眼，至多不过再增释分理、条理之类，没必要袭用戴震的旨在反理学的理字说，而段玉裁竟全盘袭用。

又如"欲"字：

《说文·欠部》：欲，贪欲也。

段玉裁注云：

欲者衍字，贝部"贪"下云"欲也"，二篆为转注。今"贪"下作"欲物也"，亦是浅人增字。凡此书经后人妄窜，盖不可数计，独其义理精密，迄今将两千年，犹可推寻，以复其旧，是以最目云后有达者理而董之也。感于物而动，性之欲也；欲而当于理，则为天理；欲而不当于理，则为人欲。欲求适可斯已矣，非欲之外有理也。……

　　注说"欲"字，于说解文发表勘校意见，事已足够。但段玉裁不以为足，接着谈起什么叫"欲"，"欲"要当于"理"，"欲"要求其适当。这其实已不是训诂范围所应有。稍稍回顾一下上面所引戴震对人欲的阐述，便可发现他的上述注说完全是乃师人欲观的翻版。

　　再如"情"字：

　　　　《说文·心部》：人之会气有欲者。

　　段玉裁注云：

　　　　董仲舒曰："情者，人之欲也。"人欲之谓情。情非制度不节。《礼记》曰："何谓人情？喜怒哀惧爱恶欲七者，不学而能。"《左传》曰："民有好恶喜怒哀乐，生六气。"《孝经援神契》曰："性生于阳以理执，情生于阴以系念。"

　　再如"性"：

　　　　《说文·心部》：人之易气性善者也。

　　段玉裁注云：

《论语》曰："性相近也。"《孟子》曰："人性之善也，犹水之就下也。"董仲舒曰：性者，生之质也。质朴之谓性。

这两段注都是说"情"、"性"是人所必具的，情就是欲，要有节；人性与生俱来，本善。于情于性，制度之而已，不能灭。

注《说文》不是写思想史，而杂进上面的那些言论，显然不是汉学家法。段玉裁注《说文》时已是人们公认的朴学大师，而竟"越轨"，使得本来是一部以阐释字的形义为主旨的著作也闪耀出某些思想家的光辉。

事实上戴震反理学对段玉裁的影响，不仅表现在注《说文》中，也表现在其他著述中，如段玉裁在《十经斋记》中云：

余自幼读《四子书》注中语，信之唯恐不笃也，既壮乃疑焉。既而熟读六经孔孟之言，以覈之《四子书》注中之言，乃知其言心、言理、言性、言道，皆与六经孔孟之言大异。六经言理在于物，而宋儒谓理具于心，谓性即理。六经言道即阴阳，而宋儒言阴阳非道，有理以生阴阳乃谓之道，言之愈精而愈难持循，致使人执意见以为理，碍于政事，此东原先生《原善》一书及《孟子字义疏证》不得已于作也。

在这段文章中，段玉裁认为程朱理学不合孔孟之旨，扰乱了人们的思想，以致发展到碍于政事的地步。对这样的理学，势在必反。而老师的《原善》、《孟子字义疏证》也势在必作。这种对理学背孔孟六经的认识、这种对戴震反理学的高度理解，离开戴震的影响，是不可能发生的。段玉裁"致使人执意见以为理"的话实际上就是戴震在《答彭进士允初书》中的语录概括。

一年以后，有一天段玉裁正在书房写作《周礼汉读考》。山野子走进书房，禀报说，老爷，京城御史大人王念孙来信！

段玉裁拆信一看，不禁大惊失色，悲从中来。原来信中说，他的恩师戴震先生前段时间病发，医治无效，竟已久辞人世。而当时他正任《四库全书》的编校官，大功未成，斯人已去，实在令人痛惜不已！而恩师戴震先生为扶掖后学，还遗赠给自己几本书稿：《原善》三卷、《周髀算经》《孙子算经》《方言》《古历考》《孟子字义疏正》共八卷。

段玉裁读到此处再也抑制不住心中的悲痛，泪如雨下，并当即挥毫一联以悼恩师：古道照人清似镜，遗书训俗重于金。他托来人将这副挽联带回去，挂在戴先生的灵位前，以寄托自己的哀思。他还叫山野子拿了100块银元交给来人带给戴先生的长子戴中立，聊表自己的一点心意。

转年十月，段玉裁又派县役李志德"以清酌庶羞之奠"前往戴震灵前致祭，并亲撰祭文云：

> 呜呼先生！名世之英。储灵汇秀，先觉群生。自汉以后，六籍晦冥，辞章浮艳，道学虚声。一华一空，无补于经。圣人之道，下学乃精。训诂制度，物有其情。公实生知，绝学乃赓。六书九数，条贯纵横。至赜不乱，胸罗列星。乃瀹其源，乃摭其菁。郊庙鸿钜，菹醢琐零。

天象地舆，制仪写形。典谟雅颂，天人性命。洞发重扄，
殷奏其声。润色万物，流浃杳冥。无疑不泮，无谬不劙。
聿自癸未，始识先生。幸得为徒，执挚请正。先生曰否，
相友相型。玉裁唯唯，师弟之盛。盛于炎汉，六经孔明。
昌黎抗颜，籍湜硁硁。耻学于师，愿见其醒。十年四聚，
问答纷萦。如雾得霁，如剑得鉴。同之太原，同居燕京。
行则同舆，饭则同铏。自惭惷愚，不窹多瞠。别久会希，
溯洄依圣。弟子至蜀，师扬于廷。间阔五千，书邮不停。
每奉翰墨，如聆咸韺，云胡丁年，起起悼惊。足疾而陨，
庸医可到。易箦之前，书来锦城。细论音均，绳墨以绁。
切切节节，丁丁嘤嘤。仲秋告归，养疴笔耕。鄙人狂喜，
亦拟东行。自今从游，投老合并。岂意山颓，梁木其倾。
哀音至蜀，风凄雨霡。翩其丹旐，言返休宁。遗书谁取，
碑石谁铭。先生之才，而不公卿。礼乐黼黻，以光太平。
先生之德，而不远龄。鲐背冻梨，申公宓生。海内故交，
凄其涕零。著录多士，哭寝失声。矧兹浅劣，犹辱叮咛。
负土九江，仰惭桓荣。日月如驶，东望伤情。一介之使，
只鸡之诚。用述故言，用慰幽灵。无恋陖兰，陖兰孔馨。
微言未绝，窃愿参订。魂兮有知，鉴此心盟。

　　段玉裁在祭文中历数自己师从戴震的桩桩往事，情真意切，
不意天丧斯文，竟令自己与老师东归的愿望成空，倍极伤悼。

　　往后的日子，他"朔望必庄诵东原手札一通"，虽到耄老，每
逢有人说到戴震名讳，一定垂拱而立，崇敬油然生于心底。

　　嘉庆十九年（1814），段玉裁年已八十，在《东原先生札册

跋》中写道："辑先生手迹十五汇为一册，时时览观。呜呼！哲人其萎，失声之哭，于兹三十有八年矣。"

段玉裁对老师的感念整整持续了一生。

为了感谢戴先生生前对自己的厚爱，段玉裁认为最好的办法是继承先生遗志，矢志学业。他以《六书音均表》为基础，发愤要为《说文解字》作一新注本。他认为，自东汉以来，天下读书人皆沿用许慎的《说文解字》来读经说史，却不能通其条贯，考其文理，往往一知半解，囫囵吞枣。加之许书亦有说解不够详尽之处，经过历代传抄、誊录，讹脱、遗漏乃至曲解、谬误也在所难免。倘若以讹传讹下去，我大清国文化便不能正确地传于后世，这会成为儒林之辈的一大憾事。因此，段玉裁利用自己精通音韵、酷爱小学的有利条件和锲而不舍的毅力，严谨考释，广搜博求，一边排比资料，一边考订众说，运用形、音、义相结合的科学研究方法，以《说文》研究为主业，决心完成这部巨著。

七、金川叛乱　仁爱平酉

在富顺县的崇山峻岭间，小金川代主土司罗格桑率叛军跃马挥刀、驰骋冲杀，平叛清军被打得几乎溃不成军。

在县衙的书房里段玉裁正在秉烛注"说文"。一衙役前来禀报说，前方来人催运军粮，段玉裁迅即组织300名民夫驾车运粮送往清军驻地。海兰察、段玉裁、周县尉和山野子骑马随后督送。

海兰察感到运粮的行走速度太慢，他要段玉裁加快步伐。段玉裁传令，要送粮人加快前进速度，要求天亮之前，一定要将粮食运到军营。他转身对海兰察说，副将军，决不误事，请放心。海兰察点点头。

运粮队不知山道两旁丛林中其实埋伏着不少叛军伏兵，海兰察、段玉裁等在行进中，突然发现伏兵四起，喊杀声、马嘶声震撼山谷。运粮民夫和士卒丢下粮车，举刀拼杀。海兰察指挥冲杀，经过激烈的战斗，双方死伤数十人，尸体横卧山冈。

未曾习过武艺的段玉裁，见叛军首领罗格桑举刀向他砍来，他拍马避让，所骑枣红马后腿被砍了一刀。段玉裁被摔下了马。罗格桑又挥刀向段玉裁砍来，被山野子持刀拦击。海兰察、周县尉赶来助战。罗格桑被海兰察刺中，摔在马下，被山野子、周县尉当场活捉，叛军四处逃窜。

罗格桑被押解至县衙。段玉裁坐在堂上，周县尉站在段玉裁的左侧，众衙役分列两旁。山野子和一清兵押着被反绑着的罗格桑至堂上。山野子叫声："跪下！"罗格桑昂着头不肯跪，山野子一脚踢向罗格桑腿弯处，强按着罗格桑跪下。

山野子气愤地说："就是这个土司罗格桑伙同那个索诺木主土司兴兵闹事，搅得我们彝家人心惶惶，不能种地，抛荒失收，受饥挨饿，走投无路，不少人被饿死，今日我非宰了他不可！"

段玉裁说，且慢。他走下坐堂，为罗格桑松了绑。经过审问，退堂后，罗格桑仍被押至看守室，躺在床上。段玉裁来到看守室，亲自为罗格桑受伤的左臂敷药。

段玉裁虽是个文人，但他也深知两军交战攻心为上这个道理。他对罗格桑土司说："我们彝族、侗族、土家族、满族和汉族是一个大家庭中的兄弟民族，都是炎黄子孙呀。既然是一家人，为什么要同室操戈呢？再说，大清朝廷每年发给你们的救济粮不算少呀！罗土司啊，你上有老，下有小，家里妻儿老母都在盼着你回家呐！"

罗格桑哭着说："段老爷，我罗格桑真不该呀！口中吃着皇粮，手中却持刀与朝廷分庭抗礼，我有罪呀！我也是一时糊涂受大金川主土司索诺木那家伙的欺骗，走错了路，今后我再也不做伤害兄弟民族感情的缺德事了。"

段玉裁认为罗格桑经过教育有悔改之意，就释放了他。

一天深夜，段玉裁正在秉烛看书，忽听衙门外人声嘈杂。一队清兵高举火把，手持刀枪，将县衙团团围住。段玉裁正准备开门探望究竟，清兵已将他的书房门踢开，海兰察带着武士，进入书房，并斥问段玉裁："你胆子真大，竟敢将叛贼头目罗格桑放走！"段玉裁解释说："副将军，您听我说……"海兰察斥责说："少废话！左右，给我将他拿下！"两个清兵将段玉裁捆绑起来，带出门外。山野子闻声赶来，喝道，你们为什么抓我们老爷？说着去解段玉裁手上绑的绳索。海兰察令清兵将山野子也绑了起来，一同送往成都。

段玉裁和山野子被押在囚车上，驶出城门，上千名百姓围着囚车，不让押走。清兵驱散人群，开道前进。海兰察率百余清兵将段玉裁的囚车往成都方向押送。

到成都以后，段玉裁和山野子被关在一间牢房里。门外有一线烛光射入牢房内，段玉裁在烛光下发现竟有一块篆刻碑石砌在墙壁上，他身依墙壁阅读碑文，忽然抬起头叫山野子："你能给我找来笔墨和纸吗？"山野子啊哟一声说："老爷，您真是书迷心窍啊，我们命都难保了，还找什么笔墨纸砚干啥呢？再说，牢门被锁着，出不去，也无法去找笔墨纸砚啊。"

段玉裁用手指着自己的衣襟，又向牢门外呶呶嘴，暗示山野子向看守牢役做点手脚。山野子从段玉裁的衣袋里取了两块银元，走近铁栅栏，喂！两位差人，拿两块银洋去买点酒喝喝，暖暖身子。一个守门的牢役接过银元，高兴地对另一个牢役说，我去买酒菜。酒菜买来以后，两个牢役席地对饮。经过几次干杯，两个人都醉倒在牢门前。山野子乘机从醉倒的牢役身边拿来钥匙，打开牢门锁，随后又找来一把斧头，砸开段玉裁的手铐脚镣，同时将自己的脚镣也砸开。段玉裁和山野子脱去身上的囚衣，换上自己原来的衣服，逃出了牢房。

一会儿，一个守门牢役酒醒，打了个哈欠，揉揉眼睛，向牢房内看去却空无一人，大声惊叫，不好，死囚逃跑了！他推醒另一个牢役说，快追！众清兵也随着两个牢役奔走的方向追赶着。段玉裁与山野子在一条小巷里疾步逃奔，忽闻后面的马蹄声，就转入另一条小巷，躲进一家庭院。两个骑兵下马，也走进这个庭院。段玉裁和山野子躲进房后一个柴草堆。骑兵未发现他们，便走出庭院，上马继续追赶。

段玉裁和山野子逃到成都郊外，四处张望，忽见一座茅草房，门楼上写着"杜甫草堂"四个大字。段玉裁说："山野子，那是杜甫草堂，我们快进去看看。"山野子说："老爷，我们快走吧，后面的骑兵追来了。"

段玉裁说："杜甫是唐代的著名大诗人啊，我们进去向他老人家拜一拜。"他拉着山野子的手臂走进草堂，他自己向杜甫像跪拜，转身叫山野子也磕个头。山野子说："杜甫，他又不是我的祖宗，我向他磕什么头呀！老爷啊，逃命要紧，快走吧！"

在将军帐篷内，定西大将军阿桂坐在一张虎裘椅子上。四川总督李颉说一行30余人来到定西将军的帐篷前，走下官轿。门卫禀报说，总督大人到。帐篷内有人说，请总督大人进帐。李颉说进入帐内，并说，定西大将军劳苦功高！

阿桂叫总督大人免礼，请坐。主客坐定后，阿桂对总督大人说："你的下官段玉裁真是个迂腐书生！"总督问："怎么啦，将军？"

阿桂说："你听了要把肚子气炸了，小金川的叛乱头目罗格桑，好不容易被我们抓获，可那个富顺县知事段玉裁竟敢将这个叛匪头目给放了，这叫我怎么向皇上交代啊？"

总督问："这是真的吗？"阿桂说："这还会假？罗格桑已回

到小金川啦，这不是等于放虎归山吗！"总督慨叹了一声说："段玉裁怎么会愚蠢到如此地步！"总督接着说："段玉裁这个七品芝麻官，他来黔川没干什么好事，我听巡抚大人说，段玉裁平日不大过问政事，却整天在看许慎的《说文解字》。他是企图以文乱政呀！"

阿桂说："还有呢，段玉裁竟敢将军粮发给老百姓，他真是胆大妄为啊！"

总督听后气愤地说："段玉裁，真是到了无法无天的地步，哼！这次非定他的死罪不可！"阿桂叹了一口气说："事情发生以后，我们迅即将段玉裁逮捕押至成都，送进死牢，但由于看守不严，他已逃跑了，现在还正在对他进行追捕。"

阿桂和总督正在交谈段玉裁的问题，海兰察匆匆走进帐篷，说："禀告大将军，被段玉裁放走的那个小金川主土司罗格桑率2000人马来投诚。"阿桂问："真有此事？"海兰察说："那还能有假，就在大营门外。"

总督对阿桂说："我看事情不会那么简单，要防备叛逆的诈降。"总督建议将军说："我认为，先命令他们放下武器，服从改编，听候安排。"阿桂说："总督的意见很对。"

叛军将手中的武器全部送到清兵军营门前，并整齐地排列在大营门外两边。阿桂和总督端坐在军营中。罗格桑在两个清兵的带领下走进军营，他跪地拱手说："定西大将军和总督大人在上，小金川主土司罗格桑率众弃暗投明，望将军收下我们2000名兄弟。"

阿桂说："噢！你就是罗格桑？"罗格桑说："在下正是。"阿桂问："罗格桑，你过去为什么率众叛乱，现在又为什么归顺朝廷?"

罗格桑说:"将军大人,过去我受骗上当,听信了大金川主土司索诺木的谣言,他说大清朝廷任命来黔川的官吏,都是敲诈勒索老百姓的,他到小金川鼓动我们起来造反,背叛朝廷。上次我被你们抓获,段知县却给了我很多银两,他还对我说,彝族、苗族、侗族、土家族、满族和汉族都是兄弟民族,是一个大家庭的人,不应该同室操戈,互相残杀。"

罗格桑接着说:"许多灾民没有粮食吃,饿死很多人,段知县来富顺开仓济贫,救济灾民,像这样的父母官,真是我们各族兄弟的大恩人啊。我听了段知县的教诲,看了他为我们办的好事和实事,我深受感动,所以我决心率众投诚,听从发落,绝不反悔!"

阿桂说:"好,既然你今日真心来归顺,那我问你,大金川主土司索诺木的老巢在哪里?"

罗格桑说:"这个我知道,索诺木的老巢就在噶尔崖城,我愿意为你们大军带路去活捉那个叛贼!"

阿桂说:"好,现在我任命你为右军统帅,三路大军出征进攻噶尔崖!"罗格桑说:"谢大将军赏赐,遵命!"

清兵和罗格桑投降部队共3000人马,向噶尔崖城进发,一举捣毁了大金川叛军的老巢,使平叛取得了最后的胜利。就在这同时,段玉裁和山野子走在成都郊外的一条小街道上,他们路过门前悬挂着"纸墨笔砚"的小店。段玉裁走进这家店门,对店主说,你招牌上写的"纸墨笔砚"中的"纸"字下面多了一点。那个店主说,唉,我这个招牌已经挂了两三年了,从未有人说有错字,看来你对文字很有研究,谢谢你的指教。店主问段玉裁,先生要买些什么？段玉裁说，纸墨笔砚各买一件。

在大街上，又出现追赶逃犯的清兵，并大声叫喊着，段玉裁在那里，快抓住他！段玉裁拿着购买的纸墨笔砚和山野子走出店门，转身窜入一条小巷向郊外逃去。街道两旁摊贩的物品被追兵踢得满地都是，清兵追赶，百姓围观，整条街道混乱不堪。

段玉裁和山野子逃到郊外一处荒坟地，那里杂草丛生，枯木朽枝，碑石林立。段玉裁来到一块残碑下，拨开杂草，举笔抄写碑文。山野子边磨墨边问："老爷，您为什么总是喜欢和碑文打交道？"段玉裁回答说："山野子，你知道吗，这些碑文里面有学问，我准备写一本书，这些碑上的字，对我有用处呢！"

段玉裁和山野子突然抬头看到数十名清兵向他们包抄过来，有个清兵在叫喊，段玉裁，你这次跑不了啦，快投降！段玉裁和山野子正想夺路逃跑，但已被清兵团团围住，无法脱身。山野子虽然作了挣扎，但两人最终被擒。

段玉裁和山野子被反绑着押解到刀枪林立的总督府门前，总督、阿桂、海兰察还有罗格桑端坐于总督府门厅。四名清兵押着段玉裁和山野子来到门厅前的台阶上，其中一名清兵道，报告将军，段玉裁被我们抓获，现将他押解来见将军和总督大人！两个清兵分别押着段玉裁和山野子的肩膀，命他二人跪下。

阿桂举目扫视了一下众人说："快给段知县和衙役松绑！"众清兵不解，不知为什么，大家都站着不动。阿桂厉声说，快松绑！站在段玉裁和山野子身旁的清兵，立即为他俩松了绑。

阿桂站起身，对全场的官兵说："这次在平息大小金川的叛乱中，富顺县知事段玉裁立了大功，应该传令嘉奖！"接着，黔川总督李颉谠也站起来说："段玉裁开仓济贫，团结了兄弟民族，也是我们平息叛乱能取得胜利的一个重要原因，应该得到表彰。"站在一旁的罗格桑也高声说："我们各族人民都是兄弟姐妹，今后我们要团结，不要闹对抗。"全场热烈欢呼鼓掌。

段玉裁向总督、阿桂、海兰察和罗格桑告辞后，同山野子一起走出总督府，回富顺县衙。

当段玉裁和山野子回到富顺县时，在城门外受到人们敲锣打鼓的夹道欢迎，众百姓高呼口号，热烈欢迎段大人平安归来！

八、筑坝修志　造福一方

夜色笼照着富顺山城，巡夜更夫已敲过四更，可是在县衙的西湖楼上，仍然透出一丝灯光，段玉裁还在秉烛夜读。

山野子赤着膊，走上段玉裁的读书楼，叫着："老爷，已经四更天了，您怎么还不睡觉？"段玉裁反问山野子："你怎么还没睡？"山野子说："嗨！我已经睡了两觉了，梦也做了三个，我起来小便，看到您的读书楼还有灯光，特地来看看您的。"山野子走到段玉裁身后，拿下他手中的书，并说着："不让您再看书了，快睡觉吧！您白天忙公务，深更半夜还在读书，这太劳累了，这样下去，您身体吃不消啊！"

段玉裁说："你快将书给我，白天忙公务，晚上读书写文章，已成为我的习惯了，夜深人静，正是做学问的好时机嘛！"

秋收以后，在富顺县的丘陵山区，万余民工大兴水利工程。人们抬石夯土，号声震山冈，忙于兴修水库筑堤坝。

段玉裁来到一处水利工地看望民工。他站在山坡上，提高嗓音说，父老兄弟们，今年入冬以来，大家辛苦了！这座拦水堤坝工程，马上就要竣工了，你们做了一件造福子孙后代的大事啊。它既可拦洪，又可灌溉，这里的一大片土地，过去是望天收，今后将变成年年好收成。这样下去，我们富顺县真的要富起来啦！工地上群情激动，高呼段知县又为民办了一件大好事。

段玉裁和山野子从水利工地回到县衙。周县尉急忙走到段玉裁身边，禀报说："今日沱江有个乡绅赵江财来求见老爷，因为您去水利工地，所以我接待了他，他带来两箱礼品，说是送给老爷的。我问他这是为什么，他说有一件事要请您开个恩。"周县尉接着说："礼品就在那边厢房里，请老爷过目。"段玉裁说："有这种事，我们去看看再说。"段玉裁和周县尉来到厢房。周县尉打开一只箱子，里面装着500两白银和一些珍宝首饰，接着周县尉又打开另一只箱子，里面装着30丈绸缎。段玉裁看后笑道："送给我这么多钱物，超过朝廷给我五年的俸禄呐。"周县尉连声说："是呀。"段玉裁问周县尉："那个赵乡绅要我为他办什么事啊！"周县尉回答说："听他吞吞吐吐地说，可能是为500亩耕地和800亩山林减免赋税的事。赵绅士说，后天，他还要来拜访老爷，同您面谈。"

段玉裁哈哈大笑说："难道我段玉裁真的要交财运啦！"周县尉说："老爷说得对呀，有句俗话说，马不加料不壮，人不得意外之财不发么。"段玉裁说："真有这种说法吗？"

段玉裁转身叫周县尉，你跟我到西湖读书楼去，我要和你研究几个字。周县尉跟着段玉裁来到书房。段玉裁打开许慎的《说文解字》，用手指着"贿"字问周县尉："你认识这个字吗？""认识，"周县尉说："这个字读'有'吧。"段玉裁说："不对，这个字读'会'音。"

段玉裁又指着"赂"字问："周县尉，这是什么字？"周县尉说："是'各'字。"段玉裁说："你又读错了，真是秀才不识字，遇字读半边，这个字应读'路'字音。"段玉裁又问周县尉：
"这些常用的字你都读错了，你读过几年书呀？"周县尉回答说：
"我虽然读过五年书，但由于当时贪玩，不认真学习，所以识字不
多啊，这真是少壮不努力，老大徒伤悲呀！"

段玉裁说："周县尉，现在还可以再读书嘛，我在城南办了
一个书院，每月逢九讲课，你和山野子一道去听课。"周县尉说：
"老爷啊，我年纪已这么大了，现在去读书还行吗？"段玉裁说：
"这有什么不行的，活到老，学到老嘛！"

接着，段玉裁用很简单的道理语重心长地鼓励周县尉说，人
们要活着，必须要有物质食粮，就是说，要有吃的和喝的，否则，
就会被饿死。

然而，人们活着不仅仅是为了追求物质生活，而且还必须要
有丰富的精神生活，这就是说，人生在世，对物质生活和精神生
活的需求，二者不可缺一。那么，精神财富同物质财富一样，也
要靠人们承前继后地不断去创造。

谁都知道，人们要创造物质财富和精神财富，就要有知识和
才能，而知识和才能来自于认真读书和不断地学习。

所以说，周县尉啊，我们要认真读书，不断地学习和创造，
只有这样才能使我们生活的这个社会，不断地向前发展啊！

这时，段玉裁放下手中的笔，言归正传地对周县尉说："大
凡用金玉绸缎送给他人，既然不是亲朋好友之间的礼尚往来，你
说他会无缘无故地白送给你吗？"周县尉感到段玉裁要联系沱江赵
江财送礼之事，便故意装糊涂说："像这样的事情，它的奥妙，
我还弄不懂。"

段玉裁对周县尉说："你别装糊涂了。"他又指着手中的《说

文解字》中的"赇"字说："你认识这个字吗?"周县尉支吾着说："这个字，我搞不清楚。"

段玉裁指着那个"赇"字的偏旁笔画说："周县尉你看，这是个形声字，左形右声，左边是宝贝的贝，右边是一个求字，也就是说，有的人一边向他人送财物，一边又向接收财物者提出不合法的要求，这就叫贿赂。"段玉裁说："周县尉，我们的祖先创造文字，你说妙不妙?"周县尉回答说："妙，太妙了!"段玉裁又问："你说，这姓赵的送给我的两箱金玉绸缎我能收吗?"周县尉未作正面回答。

稍停了一下，段玉裁说："赵江财想同我作钱权交易，他看错了人，我可不能让他达到目的。"他吩咐周县尉说："明日一大早，你带两个衙役到沱江去一趟，将两箱礼品送还原主，并请你捎个口信，就说，我家段老爷认为，君子爱财，取之有道，不义之财，坚决不要。所以将原物如数退回，请赵先生查收。"

常言道，知县三件事：断案、收税和修志。

段玉裁早年在京期间，曾将戴震先生校订的《水经注》和恩师编纂的《汾州府志》《寿阳县志》认真阅读，分析其写法。他还研究了阮元主编的《浙江通志》《广东通志》和《云南通志》，研读了常州洪亮吉的《补三国晋书地理志》和《淳化县志》。动笔撰写了有关地理方面的重要著作，如《中水考》《校水经·江水》《校水经·溱水》和《校汉书地理志注》等。这些为编写《富顺县志》打下了坚实的基础。

一日午后，段知县延请富顺教谕江文炅和岁贡生李瑞果来县衙后厅共议修志大事。段玉裁恭迎二位入座，欣然说道："富顺乃蜀之大邑，这里山川佳秀，才俊蔚起。但鉴于富顺旧志苦无体例，多所阙略，本署理知县于心不安，今日劳二位鼎力相助，重修《富顺县志》。"

江、李二位起座施礼道："段知县如此重视富顺的历史文化，我等定然竭尽驽钝，敬请吩咐。"

段玉裁首先列好《富顺县志》的提纲，分为二十五目：建置、疆域、城池、治署、山川、古迹、田赋、户口、盐政、里镇、风俗、防汛、坊表、坟墓、学校、坛庙、官师、宦迹、科第、乡贤、孝义、文苑、列女、祥异、外纪。接着分工撰写，各负其责。

段玉裁治学严谨，一丝不苟。他在绘制县境图时，先细心画好方格，然后按比例尺，将地名注在图上。县境图分别画出两张：一张是《县境山川图》；一张是《县属村镇图》。段玉裁亲自下乡考察和测定，以富顺县城为中心，确定各村镇在县城的方向，注明各村各镇距离县城的里数，铺驿则注明某铺至某铺、某驿至某驿。

在修志过程中，段玉裁引用材料翔实，既运用古籍，又不拘泥于古籍，对疑难之点考证缜密。《山川·雒水》一条辨析特详。他将自己的地理著作《中水考》上下篇附载于这一条内，使疑难问题涣然而解。例如郦道元在《水经注·江水》一文中写道："江水经汉安县北。"段玉裁却写道："考汉安故县，在今江安县，在岷江之南，洛水安得越江阳、绝岷江而经汉安县？且郦氏上文既云洛水经新都县，縣、湔二水俱与洛会，不得历牛鞞、资中两大县而縣水。且汉安县在江阳县上游，不得于江阳据江洛会之后，言江水经汉安县。"

段玉裁修县志，对人物必考其究竟。富顺县在宋朝时出了个研究《易经》的学问家，世称薛翁。但旧县志中不能确认薛翁就是富顺人。段玉裁没有放过这个问题，探研之后，确知薛翁就是富顺人。他在《富顺县志·乡贤》中写道：《宋史》中，伊川程子与袁滋曰："易学在蜀，盍往求之？"滋游蜀无所遇。久之，于眉邛间见卖浆薛翁，与之语，大有所得。又吕东莱撰《薛常州志》云"袁道洁闻蜀隐者薛曳名，晚游蜀，物色求之。至一郡，有曳旦荷筴之市，午辄扃扉户。道洁从壁间视之，隐隐默坐，意象静深。问诸邻，则曰卖香薛翁。道洁以弟子礼见，且陈所学，曳漠然如不闻；久之，乃曰，经以载道，圣人作经以明道，子何博而寡要也！与语未几复去。"乾隆丙申署知县段玉裁，据王伯厚《困学纪闻》云"袁道洁之易得于富顺监卖香薛翁"，知为富顺人。

为了弘扬乡贤薛翁的治学精神，段玉裁特在富顺县城西门外为薛翁建祠立碑。段玉裁亲自书写的碑文《富顺县宋薛翁祠碑》如下：古之君子，唯其学可传，其名字可不传也。其居游无定所，其寄托无定业也。玉裁于宋薛翁有感焉！浚仪王氏《困学纪闻》云，谯天授之易得于蜀夷族暠氏，袁道洁之易得于富顺监卖香薛翁。故曰，学无常师。宋之富顺监，即今富顺县也，是其为富顺县人无疑。玉裁每求天下奇士于山林市肆而不一遇。入蜀以来，备员兹邑，景慕薛翁之高风，访求懿迹，莫有举其人者。因立祠设位以祀之。

一日，段知县怀揣《水经注》，与教谕江文昚和岁贡生李瑞果下乡考证县内烈女史料，忽见江边小山村口有一座烈女庙。段玉裁走近仰头指而读道："唐烈妇黄帛庙。"他思忖自语道："不对，不对，误写了，误写了。"

庙主黄氏老妇走出庙门。经教谕介绍，那老妪知道是县太爷亲自来黄家的烈女庙，便急忙叩首："草民黄氏拜见知县段老爷！"

"快请起，老大嫂。"段玉裁扶起了她。

黄氏老妇："谢老爷。请诸位大人到庙里喝杯清茶。"

段玉裁连连点头："好，好。"

知县一行三人进入庙里，只见烈女黄帛的塑像立于庙的正堂，庙中香火烟雾缭绕。段玉裁等三人面对烈女像拱手作揖，尔后坐下喝茶。

段玉裁打开《水经注》，与教谕和岁贡生低语了几句后，抬头对黄氏老妇说："老大嫂子，我们是为了写《富顺县志》来考查县内的烈女庙的。据郦道元的《水经注》记载，这一带在历史上是有一位烈女叫黄帛的，但这位烈女不是唐朝人。"

"什么？知县大人说什么？我们黄家的烈女黄帛不是唐朝人？"黄氏老妇睁大双眼不解地问。

段玉裁："是的，黄帛不是唐朝人，而是汉朝人。你们黄家要尽快把庙门上的'唐烈妇'改为'汉烈妇'。你看，《水经注》中早有黄帛的故事了。"

黄氏老妪感激地说："段老爷的学问真是大。为我黄家庙名改正错误。我们黄家的列祖列宗和子孙后代感恩不尽啊！"说罢，又叩首谢恩。

嗣后，段玉裁亲自写了《汉烈妇黄帛庙碑记》。

《列女传》的写作，始于汉朝的刘向，盛于唐宋明清时期。唐朝以后表彰烈女，意在钳制妇女，尤其是宋朝朱熹"三纲五常"说教的出现，给中国的妇女带来了不幸。程朱理学倡导妇女要从一而终、不事二夫、不穿两次为夫守孝的丧服，如果丈夫死了，妻子应终身守寡。有一歌谣唱道："妇人不二斩，烈女不二夫；一与其妻者，终身不改乎。"而段玉裁为烈女黄帛写"庙碑记"的时候却说："过去刘向为列女写传，并不是写女子从一而终的故事，而是写那些有通才卓识、奇节异行的女子，像《乐羊子妻》就是这样。今之汉烈妇黄帛，性醇行懿，对公婆十分孝顺，处孤危之际而能保全弱弟，她的德行真令后人景仰啊！我们写县志，意在奖善惩恶，论古证今，教育后人，化民成俗，使秀者以古处自期，顽者以桀黠为耻。"

经过三年的精心编修，《富顺县志》终于写成了。全书除卷首外，分五卷，共十六万字。后来，曾任两广总督的后起洋务派首领、军机大臣张之洞，把段玉裁编修的这部《富顺县志》列入《国朝省志府州县志善本》一书中。

九、为注说文　辞官回乡

段玉裁被调离富顺县以后，曾先后到南溪县和巫山县任知事。

在巫山，他在日理万机的繁杂政务中，夜以继日地继续研究许慎的《说文解字》。一天黑夜，山野子打着灯笼，手持宝剑走在前面，段玉裁随行其后，走在崎岖的山道上。山野子问，老爷，这么晚了，您还要登上巫山干什么？段玉裁告诉山野子说，我们要去巫山顶上看一个"怪物"，它只有夜里才出来活动。山野子惊恐地问，这个怪物吃人吗？段玉裁告诉山野子说，这个怪物长相吓人，叫声惊人，但是它不吃人，你别怕。

他们俩登上山顶，走到一棵松树旁，一只头形似猫、身子像鹰的怪物栖息在古松的树枝上，另一树枝上有一只松鼠在上蹿下跳。段玉裁低声叫山野子将灯火熄灭，两人轻步走到松树下仔细观察。

一会儿，那只怪物突然扑向停在树枝上的松鼠，并咬住不放。吃完松鼠，将其皮骨吐出，扑通一声落在地上。段玉裁和山野子闻声在地上寻找，怪物听到地面上的声音，"哇"地叫了一声便飞走了。

接着，山野子叫道，老爷，我找到了，是个黏糊糊的圆东西，还是热的呢。段玉裁说，快将灯点上，把那个东西给我。他将那个圆球拿在手上，仔细地看着。山野子惊叫道，这不是刚才那只怪物吐出来的东西吗？段玉裁说，是的，这就是我们今夜到这里来要找的东西。他说，通过今天的实地考察，证明了许慎《说文解字》中所讲猫头鹰捕捉到猎物吞食后"吐其皮骨如丸"是对的。

段玉裁说，山野子，我们的考证任务完成了，回去吧！山野子提着灯笼走在前面，段玉裁跟随其后。突然，段玉裁不慎失足，跌进一个山洞。山野子惊叫，老爷，您怎么啦？他一手提着灯笼，四下寻找，发现一山洞，他走进洞口，看到段玉裁躺在洞底下气喘吁吁。山野子跃身而下，扶起段玉裁，拉着他的手臂，艰难地攀向洞外。山野子忽然看到靠近洞壁处像有一个人坐在那里，他惊叫道，谁？两人止步不前。段玉裁接过山野子手中的灯笼，向前走近几步仔细照看，原来是一座石像。他们走出山洞，洞口上方刻有文字，由于是黑夜，字迹看不清楚。段玉裁拖着疲惫的身躯，跟着山野子向县城走去。

段玉裁回到县衙，当夜将现场考证猫头鹰捕食松鼠吐出皮骨如丸作了注，并署名，此为段玉裁任巫山知事时，经现场考证所注。

翌日清晨，段玉裁对山野子说，昨夜的现场考证，收获很大。今天我们还有一个任务，就是下乡去察看一起山林纠纷问题，顺道再去考证一下我们昨夜跌下去的那个山洞。他对山野子说，你赶快去取几个馍馍带去作午餐，我们马上出发。

段玉裁在山野子的陪同下，来到一个小山庄。这里已经闹了很多天的山林纠纷，老百姓已开始动手殴斗。段玉裁喝令大家住手。山野子也大声叫着，乡亲们，别再打了，这位是我们的段大人，请听他的吩咐！

　　段玉裁说，乡亲们，你们山林纠纷案的呈情我已审阅过，今天我来此就地查问这件事。你们双方不要吵架，各派申诉人，讲清历史纠葛和现实状况，然后我们同去现场察看。以后安排时间，双方各派代表到县衙听候审理和判定。乡亲们，你们说这样处理好不好？众人说，好！我们听段大人的。

　　段玉裁和山野子离开那个小山庄时，夕阳西下已近山头。二人在返回的途中，来到段玉裁要考证的那个山洞。他们走进洞口，上面写着"李见读易洞"。段玉裁惊喜地对山野子说，这是我来四川找了多年的宋代大儒李见幼年苦读《易经》的地方。他走进洞中，向李见的石像，叩首三拜。

　　在回县城的路上，段玉裁对山野子说，今天我们又完成了一项现场考证任务。山野子叫声，老爷啊，我跟着您将近八个年头了，我亲身感觉，您不仅是一位为民做主、勤政廉洁的父母官，而且还是一位一丝不苟、认真做学问的有心人。段玉裁说，做官就应该为民办实事，做官如果不为民做主，老百姓要这样的官干什么呀，我看不如回家卖红薯算了。至于有条件能做学问的人，也应该为后人做些贡献嘛！

　　夜幕即将降临，段玉裁和山野子匆忙地走在回县城的路上。过了一会儿，段玉裁对山野子说，你跟随我这么多年了，我们之间可说是情同手足，难解难分喔。不过，山野子啊，你已经30多岁了，至今还没有妻室儿女，我深感内疚，不能再这样长此下去了，不然的话，将会耽误你的终身大事啊！山野子叫声老爷，我愿意一辈子陪着您。段玉裁说，这可不行，你现在是应该考虑成家的时候了。

　　山野子听了段玉裁的这番话，心里在嘀咕，担心老爷可能要他回家，从而引起他内心的不安。

一天夜里，更夫已击鼓三下，还在书房内作著述的段玉裁，搁笔起身，在室内踱步。他拉开窗帘，远眺茫茫夜空，繁星点点，月亮高悬，群山绵延不断，此情此景令他感慨万分，激起了他对故乡的思念。他自言自语地说着，归去来兮，田园将芜，胡不归？此处公务在身，案牍繁多，无一日能安心注释"说文"，如此下去。我注释"说文"的计划，岂非将会落空？我还是宦游乘舟，归回故里，闭门谢客注"说文"吧！

在巫山县任知事两年多的段玉裁，决定辞官归故里，专心致志地注"说文"。

段玉裁身带辞呈来到成都，他走进总督府。正陪夫人在后花园赏花的李颉说听衙役禀报说，巫山县知事段玉裁求见大人。总督说，请他进来！

段玉裁步入后花园，向总督跪拜，呈上辞职书，并禀报说，下官段玉裁请求辞官还乡，恳请总督大人恩准！

总督看了段玉裁的辞呈，吃惊地说，段知县快起来，你来我黔川一晃十年了，你受命于危难之际，在平叛大小金川之乱中，立了大功；你开仓济贫，安抚灾民；你兴办农田水利，使老百姓能安居农耕；你还兴办书院，亲临讲学，传授艺文，可说是政绩斐然，万民拥戴之父母官啊，为什么在此荣耀面前，你突然提出辞官呢？总督夫人也在一旁插话说，段知县应在此荣誉面前，继续为官呀！

段玉裁谦逊地说，总督和夫人过奖了，下官才疏学浅，来黔川十年，碌碌无为，还望总督海涵。总督说，段知县，你别客气了，请坐，请用茶。

段玉裁坐定以后说，下官玉裁本应在此继续供职，无奈我的双亲均已年逾古稀，不仅年迈而且多病，家贫缺少人照料。我作为其子不尽孝道，内心深感不安。我大清崇尚孝道，故我请求辞官还乡，侍候双亲。

总督以叹惜的语气说，论人生来说，你尚未到天命之年(50岁)，正是风华正茂之时；按我政务上的需要，我也不能同意你辞退。话又得说回来，从你的家庭情况来看，你不还乡，困境又无法摆脱，这真使本官左右为难呀！总督最后说，段知县，我先接下你的辞呈，待我将你的情况报请吏部核准后，再作定论。段玉裁边跪拜边连声说，多谢大人！

几个月后，段玉裁被批准还乡的消息，在巫山县衙和众百姓中传开了，人人都以惋惜的心情在议论着，像段知县这样清正廉洁的好官，怎么可以让他还乡呢？人们想挽留，但事情已无法改变了。特别是山野子，他跟随段玉裁多年，患难与共，情同手足。他跪在段玉裁面前，哀求着说，老爷啊，您不能走啊，我们这里的老百姓不能没有您！

段玉裁一手提着个布包，一手将山野子扶起，并对他说，你跟随我这些年来，为了我，你受了不少苦，可是至今你连妻子儿女也没有，仍然是个光棍汉。他将手中的一包银元递给山野子说，这笔银两是我给你作为娶妻成家之用的，同时还应将你的老母亲赡养好，并请你代我传个口信，向她老人家问好。

段玉裁来到巫山县城下的小三峡码头，随后挑夫们将他的行李送上一艘木船，行装很简单，书箱却有几十只。千余百姓扶老携幼，来到江边码头为段玉裁送行。段玉裁登上木船后不时地向岸上送行的人群挥手致意。在木船启动后，直至段玉裁的身影渐渐消失，送行的人群才慢慢离去。

段玉裁仍然站在木船上，凝视峡谷风光。他注目两岸，奇峰耸立，林木葱茏，猿猴攀枝，还有那谜存千古的巴人悬棺和那令人费解的古栈道。这一切，使段玉裁如醉似痴，顿时又产生了一种流连忘返之情。然而，江水奔腾向东流去，兰舟疾驶直奔故里。

乾隆四十七年(1782)秋，一艘木船行驶在碧波荡漾的丹金漕河上，这是段玉裁从四川巫山回金坛的宦游归舟。

当段玉裁乘坐的木船驶进北水关，正向麒麟码头停靠之时，城里街头巷尾的人们已在相互转告，看啊，来了一只大官船！数百民众向码头拥去，清河桥(南新桥)上也站满了人。段玉裁立于船头甲板上，笑容可掬地向人群挥手致意。

当段玉裁踏上码头，早已在码头等候他的亲朋好友围上前去，互致问好。段玉裁的夫人抱着不满周岁的孙女美贞走到丈夫面前，泪如泉涌，要说的话太多了，一时难以启齿。

民夫将几十只木箱抬上岸，围观者中有个妇女怀抱小孩，惊奇地叫起来，唷！你们看，大小木箱这么多，里面装的都是什么呀？一个挤在人群中的小伙子，他用手指着大小木箱默默地数着，数完后说，你们知道共有多少只箱子？我数了大小木箱共72只。

人们议论的一个中心问题是，这么多只箱子，里面都装着什么呢？有的人说，段举人在贵州和四川做了10年县官，肯定发大财了；还有的人说，这72只箱子里面装的不是金银珠宝和绸缎是什么呢？这时，有个年过花甲的老人，手摸着自己的胡须说，常言道，三年清知府，十万雪花银，这有什么稀奇呀！

段玉裁，从 26 岁去京都参加会试，36 岁去黔、川任县知事，直至 47 岁辞官回乡，在外地整整度过了 20 个春秋。可谓"少壮离家老大回"。

段玉裁一回到家，首先拜见父母。常年有病的母亲躺在床上。走进母亲的卧室，双腿跪拜在地，口呼，爹娘啊，玉裁回来了。母亲在父亲的扶助下坐了起来，叫着，儿呀，快起来，你在外这么多年，真是儿行千里父母担忧噢，我们多么盼望你早日回来呀！你屯山的外婆也常惦念着你呢。儿啊，你这次回来不走了吧？段玉裁回答说，我这次回来再不走了，一直侍候在爹娘身边。母亲高兴地说，这就好了。

段玉裁打开小红包。段得莘叫着，玉裁娘，你看，玉裁给你带回来礼物了！段玉裁告诉父母亲，这叫长寿钗，娘，我给您带上它，可以活 120 岁。母亲笑着说，我家玉裁真是个孝子呀！

段玉裁辞官回家以后，开始过着恬静的天伦之乐的生活。他感到无官一身轻，没有政务繁忙，可以专心致志地勤耕砚田。当然，这时的段玉裁也考虑到他正处在中年，上有老下有小，今后全家的生活仅靠家里少量的耕地和他微薄的养老金是难以维持的，生活上的困难只能慢慢地克服了。

段玉裁一回到家，拜见和安抚双亲之后，第一件事就是收拾整理和布置他的书房。他把从四川带回来的、也是他十分喜爱的盆竹放在墙角的茶几上，墙壁上挂着几幅友人送给他的字画，书桌上放着他刚写好的《诗经小学》。特别是，他将从不间断阅读的《说文解字》及其有关资料，放在他举手可得的地方。

回来后的第二天晚上，段玉裁在书房注释"说文"，妻子于倩陪着他借着灯光在做针线活，她不时地用剪刀剪亮烛芯。

于倩说，官人呀，已经敲过三更了，你刚从四川风尘仆仆地回来，够累的了，快休息吧！这时段玉裁撂下手中的笔，望着妻子说，夫人啊，这20年来，我远离家乡，很少回家探亲，你吃了不少苦，真对不起你呀！

　　于倩对段玉裁说，快别说这些了，大丈夫本应该四海为家，志在千里嘛！官人，你走这些年家里变化很大，我们的长子段骧已是国子监生，孙女美贞即将满周岁，二女段驯嫁给杭州龚丽正，生了一男孩，取名自珍。段玉裁握着于倩的手说，夫人，你辛苦了！

　　段玉裁接着从抽屉里拿出一个小红绸布包裹，递给妻子。妻子打开一看，又惊又喜地说，唷！这是一支碧玉钗，你花了多少钱买的？段玉裁告诉妻子说，我花了近半年的俸禄买了两只玉钗，人们称之为长寿钗，一只给了娘，这一只是给你的。妻子拿着喜爱的玉钗说，这个东西好是好，就是太贵重了。段玉裁开玩笑地说，贵夫人，当然要佩戴贵重首饰啦！

　　一天下午，庭院门外，忽然有人叫门，段玉裁闻声赶来开门，迎面来客是金坛县衙教谕钱仲旼。钱教谕向他拱手说，耳闻段举人从四川回乡，今日，我带领你的几位老朋友特来登门拜访。段玉裁忙叫教谕大人，快请进。段玉裁看到钱教谕身后的姚鼐、钱大昕和赵翼，便高兴地说，是姚大哥、钱大哥和赵大哥，久仰，久仰，快请到屋里坐。客人们走进室内，互致让坐喝茶。一会儿，赵翼信步走进段玉裁的书房，看到许慎的《说文解字》和段玉裁为《说文解字》作注所写的长编。他回到客厅对段玉裁说，段举人，现在你是宦游舟归回故里，闭门谢客注"说文"啦，真是了不起啊！段玉裁说，哪里，哪里，贵客登门，岂有不接待之理，有朋自远方来，不亦乐乎。今天诸公光临寒舍，真使玉裁蓬荜生辉啊！

当日，段玉裁设晚宴招待客人，父亲段得莘也来陪客人喝酒。段玉裁首先举杯说，欢迎各位光临，请尝尝金坛的封缸酒，传说这是向明太祖朱元璋进贡的酒。众客齐声说，我们都来举杯尝尝封缸酒，做一次朱元璋。

席间，赵翼问段玉裁，据说这个封缸酒，密封时间越长，酒气越香，是吗？段玉裁道，有此说法。赵翼借题发挥说，那么段举人的家门闭得越紧，时间越长，"说文解字注"就写得越快越好，篇篇成华章，是吗？段玉裁说哪里，哪里，前者有可能，后者不可能啊！

在大家谈笑风生中，姚鼐举杯说，我以主人之酒敬主人一杯。段玉裁和他的父亲同时举杯站起，以表谢意。姚鼐说，诸葛武侯曾云非淡泊无以明志，非宁静无以致远，段举人不念仕途，隐退故里，安贫乐道，自甘淡泊，只求宁静，献身朴学，真可谓我儒林之一代师表啊！

钱大昕叫道，玉裁贤弟啊，你矢志不渝，朝夕不休，闭门著述，含辛茹苦注解"说文"，今后我们不能再来打搅你啦！

段玉裁说，哪里，哪里！以文会友，不亦乐乎。我段某素以多见一善人为乐事，若不嫌弃寒舍，欢迎诸位常来常往。段玉裁说罢站起身，请大家干杯！

钱大昕说，段举人，你的《六书音均表》问世，真是帮了我们儒林之辈的大忙呀，此书系统地诠释了"六书"，并且阐明了转注和假借。众皆赞誉说，此乃当代的一本杰作啊！段玉裁说，诸公对我过奖了！

晚宴结束后，段玉裁送走客人，回到书房，专心致志地注"说文"。妻子帮他磨墨，并对他说，你回来才五天，快写完一卷了，真是快！段玉裁说，不在其位，不谋其政，一心一意注"说文"，没有公务缠身，当然快啦。

这时，室外更夫已敲过三更，段玉裁听到母亲的卧室内传来一阵咳嗽声，就站起来对妻子说，快，我们到娘的房间去看看。他走进母亲的卧室，一边给坐在床头的母亲拍拍胸背，一边叫妻子将刚煎好的中药拿来给母亲喝。

段玉裁离开母亲的房间，将妻子送到卧室，并对妻子说，你先睡吧，不要天天陪我到深更半夜。妻子也嘱咐丈夫说，你也应早些休息了，经常秉烛到半夜三更，这简直是在玩命啊！段玉裁说，不要紧，这对我来说，习以为常了。

就在段玉裁走出书房到母亲房间的时候，有个小偷正在书房外的墙脚跟挖壁洞。他钻进书房，在黑暗中摸到一只木箱，正准备向洞口搬。此时，段玉裁又来到书房，小偷闻声躲到墙角书橱旁，伺机行动。

段玉裁手拿香火和纸钱，来到庭院，点燃纸钱，面北跪拜，并祷告说，戴老师，今日是九月十五，是大师逝世纪念日，请允弟子玉裁面北祭拜。

小偷看到庭院内的火光和祷告声，不敢行动。当段玉裁再回到书房门口时，小偷正在将木箱搬出洞口，身子向洞外钻。段玉裁走进书房听到声音，就大声叫喊，谁？有贼，快抓贼呀！

小偷钻出洞外，向庭院外奔逃。段玉裁夫妇随后追赶，由于段玉裁不慎摔了一跤，小偷扛着木箱远离段家。捉贼之声惊动了四邻，有人随后追赶，大街小巷也吆喝起来。更夫蔡小牛边追边喊，抓小偷啊，别让他跑了。然而小偷转身窜入另一条小巷，在黑暗中，追赶的人们失去了他的去向。小偷逃到城郊一座牛车篷里，放下木箱，打开一看，全都是书，就气喘吁吁地骂道，他妈的，我需要的是金银财宝。这些书本子对我有什么用呀！他把书本倒在地上，拔腿就跑。

第二天午后，在街头和茶馆里，都在议论昨夜抓小偷的事情。有的人说，小偷有眼力，段玉裁带回来那么多木箱，不偷他家偷谁呀？另一个人唉了一声说，听说那个贼骨头偷的木箱，里面全是书，小偷要的是金钱，要书本干什么呀，所以，他将书本抛得满地都是。

段玉裁失窃一箱书，心急如焚，这是他自己的著作和多年来收集与珍藏的书籍呀，能不能找回来呢？段玉裁正在焦虑之际，蔡小牛扛着书箱走进段家，叫声，段举人，您失窃的书籍，我给您找回来喽！段玉裁叫声，小牛啊，太感谢你啦！

蔡小牛放下书箱说，我估计，这件事准是那个歪嘴干的，你回来的那天，他看到那么多箱子，就打你的主意了，昨天夜里这个家伙逃到城郊牛车篷里，发现箱子里全是书，就将书扔在地上跑了。今天早晨，我发现牛车篷里的木箱和书，我就知道一定是段举人的。

段玉裁说，小牛啊，衣物被偷我不心疼，这些书稿是我最喜爱的宝贝呀。段玉裁的妻子插话说，是啊，这些书稿是我家官人多年的收藏和花费许多心血写成的，真不容易呀，我们全家都向你表示谢意。

段玉裁刚送走蔡小牛，他的堂嫂就登门来访。堂嫂一走进门就嚷着，玉裁弟呀，一晃多年不见了，你现在回乡了，我们非常高兴。段玉裁的妻子忙端着茶水，叫着堂嫂，让坐用茶。

堂嫂说，玉裁弟呀，我有一件事，今天来同你商量，真不好意思开口啊，你刚回来，我就来找你的麻烦。段玉裁问，堂嫂，你有什么事请说吧。

堂嫂说，我家的底细不说你也是知道的，全家9口人，要吃饭穿衣，小的还要读书，家里仅12亩地，哪里够生活啊。你二哥已和西门外大坝头村张锦贵商量好了，他同意出卖10亩地给我家，可一定要付足银两才能办手续。我家一下子拿不出这么多钱，我想向你借200两银子，两年后，如数归还。

段玉裁告诉堂嫂说，小弟虽然在外做了10年知县，可做的是穷官，回来是两袖清风呀。堂嫂叫声，玉裁弟啊，你瞒得了谁呀，金坛城乡哪个不知道，你从四川带回来72箱金银财宝啊，你还骗我干什么哩！

段玉裁说，我的堂嫂啊，那几十只箱子里装的全是书和我的手稿呀，你如果不相信，我请你去看看好吗？堂嫂不耐烦地说，我去查你的家底干什么啊，你借就借，不借就算了吧！

段玉裁有些委屈地说，堂嫂呀，小弟讲的句句是实话啊。堂嫂气呼呼地说，玉裁啊，你小时候还是我抱大的哩，你现在有用了，不认人啦！堂嫂站起身就向门外走去，边走边唠叨说，我暂时困难，你这点小忙都不帮，还是什么至亲呢！段玉裁长叹一声，低头不语。

十、洮湖话鱼　杭州求字

一天，段玉裁正在书屋里为"鱼"部的几个字犯难：许书是形书，对字义的解释极其简单，并且都是汉朝时的说法，今人难以理解，如"鳜"、"鲖"、"鲇"等字，能否说得更通俗更好懂些呢？正当段玉裁百思不得其解之时，蔡小牛正巧登门拜见。

段玉裁问："小牛，你有亲眷在洮湖吗？"

"有啊，我姐姐、姐夫就住在洮西乡。"蔡小牛把"洮"字说成了"条"音。

段玉裁说："洮湖又叫长荡湖、长塘湖。《水经注》称洮湖是古五湖之一。'洮湖'的'洮'，不能说成'挑担'的'挑'，也不能说成'桃花'的'桃'，倒应该说成'摇船'的'摇'才对。小牛，你姐姐家离洮湖远吗？"

"不远，不远，就在洮湖边上。我姐夫是个捉鱼佬。段举人问这个做什么？"

"我想去看看洮湖里的鱼。

"行，我陪你去钓鱼。长塘湖里的鱼多着呢。"

第二天一早，蔡小牛陪着段玉裁步行来到了洮湖西岸。小牛从姐姐家拿来了渔竿，在菜地里掘了十几条蚯蚓。

段玉裁立在长满青青芦苇的湖畔。远望，浩渺的湖面上，一碧千顷白帆点点；近瞧，湖水清澈，鱼儿在丰茂的湖草间往来游弋。段玉裁从未钓过鱼，他见漂标一动便急着往上提，可是一看，什么鱼也没有，钩上仅是被鱼吃剩下的小半截蚯蚓。小牛不一刻竟钓了好多鲫鱼，还钓到了一条重约五斤的大鲤鱼。

蔡小牛姐夫的渔船靠了岸，唤段举人和小牛上船。段玉裁坐在船尾，见小船舱里满是鱼，便问小牛的姐夫长塘湖里鱼的种类和习性。

小牛的姐夫一边撒网，一边话鱼：

"要说这长塘湖里的鱼么，真是多得不得了。祖上告诉我们，这湖里'日出斗银，月出斗金'。常见的有花鱼、鲫鱼、青鱼、鳊鱼、银鱼，还有大头鲢子、粘花嘟。"

段玉裁俯下身子，伸手正准备向船舱里抓一条口大鳞细、身黄有刺的鱼，小牛的姐夫忙制止道："别动！这鬼婆子你抓不得，它竖起背上的刺，能把你的手戳出血来。这鱼又叫鸡婆子，很凶，不管三七二十一，一张口能吃三四条小鱼。"

"这乌鱼多不多？"段玉裁问。

"多。乌鱼头上有七个星，身子笨，吃个六七成饱就懒得不想动了。这鱼命很凶，寿又长。听我爷爷说，有一年天大旱，一个多月没下雨，洮湖干得底朝天。湖里可以开茶馆，可以推独轮车。一个老头子走到湖心，不小心被一块拱起的'瓦匜子'绊了一脚。他火了，回头扒那'瓦匜子'，可就是扒不动。再细一看，原来是条大乌鱼，全身埋在泥里，只露个七星脑袋在外面。老人找来了一把铁锹，将它挖了出来。嘿，一条二十来斤的大乌鱼，还是活的呢。老人喜匐匐地把大乌鱼捧回了家。你说这乌鱼的命凶不凶，干了那么长时间还没有死。"

靠山吃山，靠水吃水。蔡小牛的姐夫生活在洮湖边，主要靠捕鱼卖鱼过日子。

中午，小牛的姐姐、姐夫用长塘湖里的银鱼、乌鱼、粘花啷招待了小牛和段玉裁，特别是"红烧鸡婆子"，那肉又细又嫩，一瓣一瓣的，味道美极了。

回城的路上，段玉裁在洮西镇上买了六块烧饼，让蔡小牛带给他的孩子。一路上，段玉裁看到农民挖垡头，辛勤地劳作，便停下脚步同他们攀谈，了解金坛的方言俚语。

洮湖之行，确实使段玉裁受益匪浅。虽然鱼钩上没钓到一条鱼，但心里却钓到了许多的"鱼"。因为他知道，司马迁游历九州著《史记》，徐霞客山川探险作游记，做学问不能单单关在书斋里，还须与社会考察相结合。

夜里，段玉裁文思大开，提笔写书：

> 鳜，大口细鳞，鳍有利刺。今俗称鬼婆子或鸡婆子。唐张志和《渔歌子》诗余云：西塞山前白鹭飞，桃花流水鳜鱼肥。
>
> 鲖，鳢鲖也。头有七星，俗谓之乌鱼。
>
> 鲇，体表多黏液，无鳞，上下颌有四须。俗称粘花啷。
>
> 鳝，黄质黑纹，形似蛇。今人所食之黄鳝也。

段玉裁又依据金坛本地话和下江官话继续为《说文解字》作注：

瓪，败瓦也。依小徐有瓦字，今俗所谓瓦瓪，是此字也。今人语如辨之平声耳（金坛方言称破瓦片为瓦瓪）。

洎，灌釜也。灌者，沃也。今江苏人向锅里添水称澳水。

䉂，漉米具也。今江苏人呼淘米用具谓溲箕。

尯，迫也。读如丘也。今俗谓逼迫人有所为曰尯。

栝，今俗语云灶㮇是也。《广韵》云：㮇，火杖。栝㮇古今字也。

厽，累垡土为墙壁，象形。取田间土块，令方整不散。今里俗称垡头或版光。

段玉裁为这几个字写完注后，署上自己的一个新号——长塘湖居士。

一天，段玉裁在书房注“说文”，遇到了一个难题，正在翻箱倒柜地找参考资料。妻子拿着一封信走进书房，说，官人，京城来了信。段玉裁拆开信看后说，是王念孙从北京寄来的。于倩问段玉裁，王念孙是什么人？段玉裁告诉妻子说，王念孙是江苏高邮人氏，当年在北京，王念孙、姚鼐和我都曾拜戴震为师，我们是同窗好友，后来王念孙考取进士，任陕西道御史。

妻子接着问段玉裁，王念孙信中说了些什么呀？段玉裁说，王念孙在信中说，他现在到四库全书馆担任篆隶分校官，他也和我一样爱好训诂学。戴震先生逝世后，在京城研究训诂学的要数他是高手了。可是，现在朝廷当权者思想非常禁锢，大搞文字狱，读书人说话写文章，稍有不慎就被说有什么谋反的企图，乱加罪名，重则砍头分尸、诛灭九族，轻则发配充军、免官去爵。像王念孙这样的正人君子和朴学专家，他在四库馆作编修，也曾屡遭指责，真是动辄得咎，无所适从啊！

段玉裁接着告诉妻子说，正是由于这种情况，我那位谨而慎之的念孙贤弟信中告诉我，他最近在编著过程中，遇到一个难字，不敢妄下注释，要我帮他作详尽考证。

段玉裁随手握笔写了这样一个字"辔"，现在我也为注释这个字犯难呢，我们家里所有的资料都查过了，就是找不到这个字，真使我伤透脑筋！

突然，段玉裁如梦初醒似地拍着书桌说，唉，去杭州！西子湖边的孤山上，有个文澜阁藏书馆，它是全国四大藏书馆之一，也许到那里能查到这个字。

于倩对段玉裁说，官人啊，您不是在说梦话吧，金坛到杭州600多里路啊，您不会骑马，又无便船，这么远的路，独轮车无法推，轿子也无法抬，您怎么去呀？段玉裁笑着说，我学张果老，骑驴到杭州。于倩阻拦说，为了查考一个字，骑着毛驴到杭州，有这个必要吗？

段玉裁连声说，有这个必要，完全有这个必要！他提高嗓音对妻子说，你知道吗，一字源流奠万哗啊，你不能小看这一个字啊！妻子无可奈何地对段玉裁说，为了一个字，跑一趟杭州，路上万一出了什么事，怎么办呢？段玉裁坚定地说，杭州是一定要去的，而且非去不可！路上不会出问题的，请夫人放心。并请你向娘说清楚，请她老人家也不要为此担心。段玉裁吩咐妻子说，你要给娘按时服药，现有的药服完了，按原方再去配几帖回来给她继续服。

于倩关切地对段玉裁说，路上当心，速去速回。她转身走到堂屋的搁几上拿着一柱香面南跪拜，为丈夫旅途平安作祈祷。

段玉裁骑着毛驴，走在太湖之滨的道路上，远眺湖光山色，碧波荡漾，近看湖中水后浪推前浪，发出哗哗声响，好似渔翁鸥鸟大合唱。此情此景使段玉裁跨下驴背，面对浩瀚的太湖尽情地欣赏。他蹲下身子，用双手捧着湖水喝了几口，自言自语地说着，太者，大也，太湖者，大湖之谓也。段玉裁休息了片刻，转身准备骑驴赶路，可又不禁掉转头来，依依不舍地说，太湖水真甜，太湖景真美啊！

傍晚时分，段玉裁途经一山庄的小旅店。他问站在门前的店主，到杭州还有多少路程。店主迎上前去说，这里到杭州还有80里路呐，天这么晚了，客官，您就在我这旅店住一宿吧，明天一早赶路，到杭州笃定看"夕照雷峰塔"。

段玉裁说，那好吧，今晚就在此住一宿。店主接过缰绳将毛驴牵向一个小院，边走边对段玉裁说，客官，我这里就是店面小了点，倒是很宁静和干净，至于吃的嘛，各种酒菜齐备，任客官选择。店主还津津乐道地说，昨日，有两位客官住在这里，他们还称赞这里吃得好，睡得舒服。

店主转身带着段玉裁向店堂走去，手臂碰上段玉裁肩上的包裹，里面的银元发出响声，引起了店主的注意。

段玉裁走进卧室，将包裹挂在床头的墙壁上。躺在床上，他总觉得这家店主讲话的神色有些不正常，可能会是个黑店，再说这是一个偏僻的小山村，住在这里不合适。他决定晚饭后，借外出散步的机会，牵着毛驴离开旅店，连夜赶路。

店主和跑堂的小二子在窃窃私语。店主告诉小二子,今天是个大家伙,沉甸甸的一大包银元,看来比昨晚的两个人有钱,不过小二子啊,你的动作要利索一点。

　　段玉裁吃了一点晚饭很快走进卧室,将包裹揣在怀里,乘店主和堂官忙于为顾客开晚饭之际,悄悄地到旅店旁的院子里,骑上毛驴向杭州方向奔驰。

　　晚饭后一会儿,店主和小二子开始行动了。他们走近段玉裁的卧室,房间里没有灯光和声音,店主认为段玉裁白天旅途疲劳睡着了。两人轻手轻脚地开门入室。二子向枕头部位猛刺一刀,店主对着胸部刺去,结果刺的是枕头和被子。两个人十分惊讶,店主叫了一声,人呢?跑啦?店主叫小二子快点上蜡烛,房间里却空无一人。接着他们走进扣放毛驴的小院子,毛驴也不见了。他们哪里知道,段玉裁告别旅店有半个多时辰,已走出去十多里路了。

　　真是旅途艰险,逃过一劫又一劫啊!段玉裁骑着毛驴在微弱的月光下向杭州方向前进。忽然前面出现五个大汉,身着黑衣,手持大刀,拦住他的去路,并厉声大喝,站住!其中一个大个子盗首手持大刀说,丢下买路钱,否则宰了你!

　　段玉裁向那些拦路抢劫的强盗们说,诸位"英雄们",昔日梁山上的英雄好汉,专打贪官污吏,劫富济贫,光明磊落,世人称他们为英雄豪杰,而你们夜间拦路抢劫,为了谋财,伤害善良,将会遗臭万年啊!

　　强盗们你一言我一语地说,什么善良不善良,什么遗臭千年万载,管不了那么多了,也管不了那么远了,现在,我们只管要金银财宝!那个大个子挥舞着手中的大刀说,兄弟们,他再不给钱，我们就宰了他！

段玉裁考虑了一个缓兵之计。他对强盗们说，你们别心急嘛，我有一包银两，是作旅行用的，现在就给你们吧。他说着将包裹扔了出去，有几块银元发出叮当响声滚了出来。段玉裁乘盗贼们互相争夺之时，骑上毛驴便逃。强盗们一阵争夺之后，大个子叫众盗贼将所抢银元全交给他点数再分，一共只有十几块银元。有个小个子拎着包裹说，这里面还有根长条子。众盗贼说，快拿出来看看，是金条吗？大个子忙接过包裹，打开一看，泄气地说，他妈的，是一支烂毛笔，说完随手扔得老远。

大个子发怒地说，这个家伙玩的是金蝉脱壳计，弟兄们给我快追！

可就在盗贼起步追赶时，忽然狂风大作，天空乌云密布，电闪雷鸣，接着就是倾盆大雨。由于路面打滑，段玉裁骑着毛驴跟跄前进。那毛驴惊叫乱跑，把段玉裁从驴背上摔下。他急忙翻身爬起，钻进路边山坡上的密林。盗贼们浑身泥泞，在夜色中追不到目标，大个子便吆喝了一声说，将毛驴给我带回！

一会儿，风停雨止，段玉裁走出密林，继续向杭州城迈步。在日出以后，他拖着疲惫而又泥泞的身躯来到西湖边，洗去身上的污泥，吃了一些早点，向孤山走去。

段玉裁走进孤山文澜阁藏书馆，按栏目查找有关《说文》方面的书籍，翻阅了好多本，终于查到了他要查的字，并伏案作了记录——"矞"：音酷，急告之甚也。急告乃告急也，告急之甚谓急而又急也。释玄应说，矞与酷音义相同。按白虎通云，谓之帝矞者何也。矞者极也，教令窮极也，窮极即急告引申之义。又《史记五帝纪》，帝矞高辛者，黄帝之曾孙也。

就在段玉裁走出藏书馆，途经西湖书院时，他在窗外突然听到钱大昕正在向学子们授课，介绍段玉裁注释《说文解字》的情况。他走到书院门口，叫声钱大哥。钱大昕惊喜交加，激动地叫道，玉裁贤弟，请进，真是说曹操曹操到。钱大昕向学子们介绍说，这就是刚才我讲到的段玉裁先生，当今的训诂学大师，也是我的老朋友。

钱大昕领着段玉裁走进他的书房，一边品尝西湖龙井茶，一边交谈各自做学问的近况。钱大昕问段玉裁，贤弟这次来杭州准备住多少时间？我们杭州的西湖书院和嘉兴的鸳鸯书院，原来都准备请你来讲学，这次你来得正好，请你光临赐教如何？

段玉裁沉思一下回答说，钱大哥，西湖书院和鸳鸯书院如此看重我，本应如约，还有常州的龙城书院和苏州的东吴书院也曾有过邀请，这些我都不能推却，不过近期我还不能作安排。因为目前我手上正在注释"说文"，不能停下。说句实话，注释"说文"不取得阶段性成果，我内心不安啊。我打算以后安排时间，首先来西湖和鸳鸯书院，然后再到龙城和东吴书院去。

钱大昕连声说好，又接着说，玉裁贤弟啊，你如此专心致志注"说文"，认真研究华夏语言文字之源头，为我华夏灿烂文化的继承和发扬光大作贡献，此乃我儒林之辈的典范啊。段玉裁说，钱大哥过奖了。

钱大昕稍停了一下，像有什么事情要说的样子。段玉裁看出了钱大昕的心思，他说，钱大哥，你还有什么事就请讲吧。钱大昕说，不瞒你说，近几年，我著述了几本书，一本是《二十二史考异》，另一本是《艺文志补遗》，这两本书原准备请贤弟作校勘匡正的，此外还有一本《西游记钞本》，也想请你写个跋。贤弟如此一心注"说文"，我不应打扰啊。

段玉裁说，钱大哥这件事，小弟是不应推却的，你可以给我带回去，为大哥尽小弟的一点绵力。钱大昕听后高兴地说，这太好啦！

在钱大昕的书房里，故知相遇言难尽。段玉裁对钱大昕说，这次我来杭州巧遇大哥，可谓不期而遇，可我是来去匆匆啊，今日既是相见，又是辞别。我准备马上去杭州东城马坡龚丽正女婿家走一趟，女婿在安徽徽州任刺史，外孙自珍尚年幼，这次我准备将他带回去，进行启蒙教育，后天启程回金坛。

钱大昕说，玉裁贤弟啊，你既然来杭州，应该游览一下西湖才是啊。段玉裁说，我的老母已进入古稀之年，身体欠佳，我不能在外久留。

钱大昕说，这样好吧，明天我陪你游览过西湖之后，再到你女婿家去，然后回金坛，好吗？段玉裁似乎难再推却，低头不语。钱大昕告诉段玉裁说，正好我朋友的一艘货船，后天早晨去镇江，你们祖孙二人可乘他的便船到常州再转金坛。段玉裁说，这太好啦。

第二天清晨，钱大昕陪段玉裁来到西湖边。段玉裁举目远眺，情不自禁地吟诵古诗，欲把西湖比西子，淡妆浓抹总相宜。他吟罢诗句后说，苏东坡用这句诗称颂西湖实在是恰如其分。钱大昕说，是啊，今日杭州人把西湖说成是西子湖，就是源于苏公的这一诗句啊。

钱大昕和段玉裁一会儿泛舟湖上观三潭，一会儿登上苏堤步行，二位故知边走边谈边观景。钱大昕说，人们称桂林山水甲天下，其实西湖风景也很迷人，贤弟，你这次来杭州，如果不游览一下西湖，必将成为一件憾事。

段玉裁说，西湖美景要观赏，民族英雄也要去拜见。钱大昕说，没错，我们马上就到岳王庙去。段玉裁走进岳王庙，敬仰浩气凛然的岳飞像，赞叹说，此乃我民族之英雄，华夏之国魂呀！

钱大昕说，贤弟啊，还有些景观下次再来游览，现在已是中午时分，我们到西子楼用餐，今日算是我为你接风洗尘，也是我为你饯行。下午你去女婿家，我代你联系好回去的便船，后天清晨，你去钱塘码头乘便船返回。

清晨，一轮红日刚露出茫茫江面，钱塘江上晨雾缭绕，段玉裁身背包裹，手携外孙龚自珍来到钱塘江码头，他很小心地扶着外孙登上一艘货船。因为是货船，乘客不多，虽然码头上人声嘈杂，但船舱内比较宁静。

货船离开码头，扬帆前进。段玉裁半闭着眼睛在沉思，他脑子里翻腾着来杭州时的一幕幕惊险场面，真是越想越害怕。但是段玉裁的外孙从登上这艘货船后，就感到一切都很新鲜和有趣，问这问那，时而诵读唐诗，时而唱儿歌，活泼天真的外孙，顿时驱散了段玉裁心中的余悸，也引起了其他乘客的阵阵笑声。

龚自珍依在外公的身边问道，船行几天才能到金坛？段玉裁回答说，如果一帆风顺，三天就到常州，我们到常州，再转乘客船到金坛，估计四天就可以到家。龚自珍问，外公您刚才说的一帆风顺是什么意思？段玉裁回答说，它是一句成语，就是说帆船一直顺风扬帆前进。龚自珍点点头，噢，我懂了！接着龚自珍又天真地提出了一个问题，外公，您为什么不把家搬到常州？假如你们家住在常州的话，我们就不用再转乘客船到金坛了。座舱里的客人插话说，是啊，叫你外公赶快将家搬到常州。众旅客齐声笑着。龚自珍撅着小嘴也付之一笑。

船舱里安静了一会儿，龚自珍问，外公，您家里书多吗？段玉裁回答说，我家里的书多着呢，那你喜欢看什么书呀？外孙告诉段玉裁说，我喜欢看"武松打虎"。段玉裁对外孙说，看书不应只喜欢一种，只要是有益的书都要读，都应看，比如"四书"、"五经"、唐诗、宋词等都要认真诵读。俗话说读书破万卷，下笔如有神，就是说要写好文章，就得多读书。

龚自珍又问外公，您刚才说的"四书"、"五经"是些什么书啊，我可以读吗？段玉裁回答外孙说，所谓"四书"就是《大学》《中庸》《论语》和《孟子》；"五经"呢，就是指《诗经》《书经》《易经》《礼经》和《春秋经》。这些书，都是你以后必须读的。龚自珍说，外公，您以后能教我读这些书吗？段玉裁回答说，当然可以啦。

龚自珍对外公说，这次我到金坛，就一直住在外公家好吗？段玉裁笑着对外孙说，你要一直住在外公家是可以的，不过得有两个条件，一是要听外公、外婆的话，二是要认真读书，否则就将你送回杭州。龚自珍点着头说，这两条我一定能做到！

在船上连续住了两天，整天蹲在小小的船舱里不能出去玩，龚自珍感到有些厌倦和心神不定，他经常问外公，还有多少时间才到家？段玉裁为了稳定外孙的情绪说道，自珍啊，我们来猜谜语好吗？龚自珍高兴地说，好呀，请外公出题。

段玉裁叫外孙听着谜语，猜一个字：水漫金山闹盈盈，吓得许仙不像人。白蛇娘子当中坐，小青立在脚下听。

龚自珍自言自语地复读着谜语的字句，认真地思考这个字的笔画，其他旅客也在思考和用手比划。段玉裁问外孙，你能猜得

出来吗？龚自珍说，外公，不要急，等我再想一想。他想了一会儿说，是个"源"字吧？段玉裁笑着说，自珍，你猜对了！

在场的那些旅客都异口同声地称奇道，段举人，你这个小外孙真聪明啊！

段玉裁问外孙，你猜到是源字，还知道这个字是什么意思吗？龚自珍掬着小嘴无言对答。段玉裁告诉外孙说，这个源字的意思就是说，在我们的日常生活中，发生的一切事情，都有一个产生的根源；再比如说，我们船行驶的这条大河，它的水是从什么地方来的？龚自珍说，是从长江和太湖来的。

段玉裁说，不对，自珍，我再问你，长江和太湖的水又是从哪里来的？龚自珍摇摇头说不知道，他反问外公，您说呢？段玉裁告诉外孙，长江和太湖的水，是从我国西部唐古拉山上的雪融化而来的，那个地方就称之为长江水的源头。龚自珍听了外公的解释后说，外公，您讲的我听懂了。

段玉裁带着外孙回到金坛，走近家门突然听到隐约的痛哭声。他感到情况有点异常，便急步跨进家门，眼前的一幕让他惊呆了，全家人正围着母亲的遗体在痛哭。段玉裁双膝跪地，扑向母亲的身躯，边哭边诉说着，玉裁不孝啊，早知道您老人家走得这样快，我怎么也不会去杭州啊。娘呀！您生前，玉裁未能尽到侍候之职；您走时，我又未能同您见上一面，我是个不孝之子啊！

段玉裁越哭越悲哀，可说是悲痛欲绝。家属见状将段玉裁扶到书房里，劝他节哀。但他伏在书桌上仍泣不成声，往事在他的脑海里翻腾，母亲端着饭碗叫他吃，母亲为他穿新衣，还有他为母亲插玉钗等等一幕幕挥之不去。

母亲的逝世，对段玉裁来说是一次心灵上的极大的创伤。他含着悲痛与父亲和两个兄弟商定，将母亲安葬于茅山东麓花山脚下的大坝头，并立上刻有史孺人之墓的碑石，以志纪念。

十一、迁往姑苏　培养后学

　　段玉裁从四川辞官回乡，在金坛住了 10 年左右的时间。在这期间，他的家族中有一成员，因与他人殴斗，发生了一起命案。案发后，金坛县知事在审理案件的过程中，开始并未追究段玉裁的责任。段玉裁当初也未介入此案，听由县衙审理。然而曾作过 10 年知县的段玉裁，对案情的审理和终结存在不同看法，于是便作了一些斡旋，因此出现了一些不得已的介入。

　　在此情况下，段玉裁便移居镇江，在那里住了一年多时间，然而仍不得清静。乾隆五十七年(1792)，时年 58 岁的段玉裁又从镇江迁居苏州，在姑苏阊门外的梓园安家落户。这也是他后来自称侨吴老人的由来。

　　段玉裁迁居苏州，除了避免在家乡的是非牵连外，还有一个原因，就是他认为，在苏州对他苦耕砚田、专心注释"说文"有利。因为在苏州查考资料，与学者切磋琢磨比在金坛方便得多。所以，上述两点就是段玉裁迁居姑苏的主要原因。

　　段玉裁迁居苏州以后，生活上的支出比在金坛大得多，特别是购买住房花了一大笔银两，这对他那个本来就不宽裕的家庭来说，必然出现负债现象。段玉裁夜以继日地注释"说文"，而一家人衣食住行的生计问题，也得由他来筹划安排。

一天，段玉裁正在书房伏案注"说文"，妻子于倩拿着水壶走进书房为他倒了一杯水，并问道，官人，我们还欠万房爷多少房钱？段玉裁告诉妻子，房价共 1800 块银元，成交时付了 1000 块，还欠 800 块。妻子问段玉裁，这笔钱怎么归还，有着落吗？段玉裁说，还没有着落啊。妻子皱着眉头叹道，目前家中连购买柴米油盐的银两都无法支出啦，这个日子怎么过呀？

段玉裁叹了一口气说，穷日子难过，还是要想办法过下去嘛。他指着柜子说，里面有 80 块银元，是杭州驯儿给我带回来的，她说是给自珍在我们这儿读书用的，你先拿着去安排生活吧！

段玉裁妻子刚走出书房来到卧室，就听见敲门声。她开门将万房爷引进客厅，并叫段玉裁出来接待客人。万房爷问段玉裁说，这座房子还算宽敞吗？段玉裁笑着说，还可以。他以恳切的语气说，万先生，我欠你那 800 银元还要再等一段时间才能归还。万房爷连声说，好说，好说。他举目扫视了一下客厅说，这房子是江声先生介绍的，我儿子就是在他手上考取贡生的啊，如果不是他的面子，怎么能这样便宜卖给你呢。段玉裁说，谢谢万先生了。

万房爷喝了一口茶说，听说段举人是金坛人氏，是吗？段玉裁说，是的，我同我的内人都是金坛人。万房爷注目段玉裁的妻子问，段夫人也是金坛人，请问你的父亲大名叫什么？过去是干什么的？于倩告诉万房爷说，我父亲叫于陶喜，已去世多年了，他生前在金坛城里开过陶瓷店。万房爷啊了一声说，就是他！于倩问万房爷，你认识我的父亲？万房爷说，不，不。

段玉裁送走万房爷后，父亲来到他的书房，并叫着，玉裁呀，我们是耕读世家，论功名我仅是个廪生，论职务当过几年塾师，我这一辈子未创出大家业，家底比较薄，仅有30多亩耕地，一间杂货店和5间住房；而你是个举人，又当过朝廷命官，做过十年知县，可金坛家里的祖产都保不住，耕地卖了10多亩，杂货店和住房也都卖了。你这个退休的七品官，朝廷也只发给你一点退休金。全家这么多人，今后如何生活下去啊？

段玉裁对父亲说，家业不兴，玉裁有责，请父亲放心，家庭生活上的困难今后将会逐步克服的。父亲对段玉裁说，我看你暂将那个注释"说文"一事放一放，到苏州府或吴县县衙谋个差事，拿点俸禄回来养家糊口。否则，家里这么多人要生活，今后的日子怎么过呢？

段玉裁说，爹，从我们家的现状来看，您说得很对，不过，注释"说文"是关系到传承文明和发扬民族文化的大事，像这样的大事，不仅不能放，而且要加紧进行，至于我们家庭生活上的困难，我打算到东吴书院去兼职讲学，增加一点收入补贴家用。父亲站起身准备离开书房时，又说，玉裁啊，生活问题，对一个家庭来说可是一件头等大事！段玉裁送父亲走出书房门，回答说，爹呀，我会作妥善安排的，请您老人家放心！

段玉裁面临家庭生活上的困难处境，站立在书房窗前远眺，他慨然吟诵：君子固穷，游书海兮；乐而忘忧，唯圣贤兮；达人从事，有仪则兮；君子履信，犹飞箭兮；夕阳西下，灿若金兮；满目硕果，川原丰兮！

一天上午，东吴书院的主持者江声来到段玉裁家，主客在厅堂里茗茶交谈。江声问段玉裁，这座房子如何？段玉裁感激地说，买这房子多谢江先生帮忙，否则，我迁来苏州连个栖身之地也没有啊。江声说，房子还可以，就是小一点，俗话说，室雅何须大，花香不在多嘛!

接着江声言归正传地说,这次我准备请段举人到东吴书院主讲《左传》、《毛诗》和《说文解字》,段先生你看如何?段玉裁说,江先生所说的这几门课,我可以试试。江声高兴地说,我东吴书院能有段先生亲临讲授,十分荣幸。至于我自己就专授《尚书》。段玉裁说,江先生如此安排我无异议,不过,有个情况我要向你讲清,目前我正在注释"说文",到书院讲授课文和在家注"说文"二者要兼顾。江声说,这没有问题,你既注"说文"又讲"说文",这是著述和讲学上的有机结合嘛。

段玉裁说,东吴书院在江先生的主持下,定能办成国朝第一流的书院。江声叹了一口气道,东吴书院是苏州的最高学府,自从宋朝范仲淹创建以来,素有"天下有学自吴郡始"之美誉。不过,在这盛名之下,我是难以胜任啊!段举人是当代的朴学大师,能来东吴书院讲学,此乃我院学子之大幸。段玉裁说,江先生过誉了,我既到东吴书院,必当鼎力相助。江声连声说,这太好了,这太好了。

这天,一位名叫柳飞石的客人登门拜访万房爷,宾主在客厅闲聊。万房爷问柳先生近况如何?柳飞石唉声叹了一口气,说来真是气坏人,江声这个人不讲情义,他知道段玉裁迁来苏州,马上聘请他到东吴书院讲学,我被江声辞退了,现在没事干,在家闲得无聊,所以今天来贵府同你聊聊天。

万房爷带着挑拨性的语言说,段玉裁是举人,你柳先生不也是举人吗?江声为什么将你辞退,难道那姓段的学识比你强吗?柳飞石气愤地说,段玉裁比我强什么啊,不论是诗词或文章,都在我之下,他无非是会作些文字游戏,除此还有什么!

万房爷唉了一声，我卖给段玉裁的房子是江声介绍和出的价钱啊，5间房子1800块银元，早知如此，他姓段的不花三五千银元，我是不会卖给他的，给他讨了便宜，到现在还欠我800块银元呢。柳飞石挑拨说，万先生为什么不向段玉裁追要房钱？万房爷说，不怕凶，就怕穷啊，段玉裁现在拿不出钱，逼死他要犯法的呀！

万房爷又唉了一声说，想当年段玉裁还是我的情敌呢。柳飞石问万房爷，怎么，段玉裁是你的情敌？万房爷说，这是过去的事，不谈了。柳飞石说，万房爷，你说给我听听好吗。万房爷告诉柳飞石，那还是40年前的事啦，我家在宜兴丁山做陶瓷生意，段玉裁的丈人于陶喜在金坛开了一间陶瓷店，他常来丁山批货，相互熟悉了。他曾答应将他唯一的女儿于倩嫁给我，可他讲话不算数，后来又将女儿嫁给了段玉裁。柳飞石接着万房爷的话说，如此说来，当年段玉裁是抢了你的妻子啦，此人真缺德！

柳飞石问万房爷，段玉裁不是还欠你800块银元房钱吗，要他还钱，他还不出，要他付高利息。万房爷说，段玉裁现在是下雨天背稻草，越背越重，你要他本加利，利上再加利，越多越是还不出啊！万房爷哀叹了一声，此事以后再说吧，反正主动权掌握在我手上。

段玉裁来到坐落在苏州文庙内的东吴书院。江声领着段玉裁走进讲堂向学子们作了介绍。由于是师生初次见面，段玉裁除向学子们讲了一些见面话外，还讲了他来东吴书院准备讲授的几个方面内容，并向学子们提出了学习要求和希望。

段玉裁身着青布长衫，脚穿黑色布鞋。他面容清瘦，但精神矍铄，两眼放射出睿智的目光。他精彩的演讲，像是带领学子们

游弋于中华五千年的历史长河之中:

学子们可知道,早在远古时代,黄帝就是生活在黄河流域的轩辕氏原始部落的首领。他是传说中的英雄,曾率领部落打败南方的蚩尤部落和神农氏炎帝部落。后来,黄帝部落和炎帝部落结成友好联盟,长期生活繁衍,构成了华夏族的主干部分,黄帝被奉为华夏族的祖先。所以,世人常说,我们是炎黄的子孙。

仓颉,当时是黄帝身边的一名史官,他是汉字的创始人。《淮南子·本经训》说,昔者仓颉作书,天雨粟,夜鬼哭。意思是说,黄帝时的仓颉创制了文字,天上落下了粟米。仓颉造字功绩之伟大,所以惊天地,泣鬼神。

我国汉字的形体演变过程,大致经历了刻画、金文、籀文、小篆、隶书、草书、楷书和行书八个阶段。我国的汉字,在长期的发展演变过程中,字数越来越多。东汉许慎写的《说文解字》,收字九千三百五十三个。三国时魏国的张揖著《广雅》,收字一万八千一百五十个。晋朝的吕忱撰写的《字林》,收字一万二千八百二十四个。南朝梁代的顾野王所著的《玉篇》,收字一万六千九百一十七个。宋代的陈彭年修订的《集韵》一书,收字五万三千五百二十五个。国朝张玉书等人编纂的《康熙字典》收字四万七千三十五个。据估计,各种汉字,包括古字、异体字、方言字、地名字、姓氏字、外来语翻译字等等在内,累计约有七八万字,其数量之多,在世界上实属罕见。

汉字,不仅中国人使用,而且影响其他一些国家。大约从我国汉朝以后,朝鲜人曾长期把汉字当做自己的书面语,东瀛日本国至今还保留了两千多个汉字,可见,我国的汉字有多么强的生命力。

由于历史的原因，许多说解汉字的辞书错误甚多。我们要做大量的修改订正工作，使汉字正确地流传于后世。

汉字是拼形文字，但总的说来，属于表意体系的文字，汉字太美了，她的形体给人以美的享受。一个汉字代表一个音节，可以自由配合，构成优美的对偶和韵文，还可以构成一些特殊的修辞艺术手法。我国的汉字，是中华民族文明智慧的伟大表现。

"哗——"三十多名学子霍地全部站立起来，欢呼起来，跳跃起来。

接着，段玉裁喝了一口茶，讲起了汉文学的"六书"理论：

"六书，也就是六种造字之法。一是象形，画成其物，随体诘诎，'日'和'月'就是象形字；二是指事，视而可识，察而见意，'上'和'下'就是指事字；三是形声，以事为名，取譬相成，'江'和'河'便是形声字；四是会意，比类合谊，以见指伪，'武'和'信'就是会意字；五是转注，建类一首，同意相受，'考'和'老'是转注字；六是假借，本无其名，以声托事，'令'和'长'是假借字……"

段玉裁给学子们讲课结束后，走进江声的书房，谈起东吴书院的教学情况。段玉裁赞道，苏州的确是个人文荟萃的地方，江先生，还有顾千里、柳飞石和毕沅等都是当代的名家啊！江声连声说，彼此，彼此，其实，你段先生，还有常州龙城书院的卢文弨和孙星衍也都是当代著名学者啊。段玉裁说，卢文弨、孙星衍都是我的老朋友啊。他接着说，做学问，不论苏州还是常州的学者们，都应相互尊重，互相学习，取长补短，为继承和发扬华夏文化作出应有的贡献，切不能搞文人相轻，相互攻击。江声说，段先生所言甚是啊，不过如今却也有些人打击别人，抬高自己，此乃我儒林之大忌也。

段玉裁问江声，如今学子们的习作如何？我想了解一些情况。江声说，这当然可以。他随手从柜子里取出一叠学子们的习作诗文稿递给段玉裁。

段玉裁将 30 名学子的诗文，一篇一篇地认真看着，其中有一篇署名陈奂的文章，引起了他的注意。他问江声，陈奂这学子如何？江声说，这个陈奂吗，思想比较活跃，他的诗文有时有点浪漫和离奇，就其水平来说，在全书院属中上等。段玉裁接着江声的话题说，陈奂的文章我看了两遍，我感到他的文章非同一般，笔法、辞章和论理都与众不同，有他的独到之处。他现在在这里吗？我想见见他。

江声随即叫来陈奂，陈奂走进书房向段玉裁施礼跪拜。段玉裁叫陈奂入座，询问他的学习情况，并对他的文章作了肯定，同时指出不足之处。此后，段玉裁对陈奂的诗文产生了浓厚兴趣，对他的学习也更加关心。

一天下午，陈奂从书院回到家里，母亲林芳霞端坐在休息室的椅子上，身旁站立着一位侍女。陈奂叫了一声娘，说，我们书院刚请来一位先生，据江声介绍说，叫段玉裁，金坛人氏。林芳霞听说是金坛的段玉裁，感到一惊，顿时激起了她 40 年前关于往事的回忆。当时由尹会一安排，她与段玉裁在金陵莫愁湖相会的情景还历历在目。她同段玉裁在水榭上凭栏观水，水中映出两人的身影；她将手中的一朵鲜花送到段玉裁的面前，问他是否喜欢这朵花，段玉裁却回答说，你这朵花很美，可是我已经有了一朵。当时的尴尬心情一时都浮现在她的脑海中。如今段玉裁不仅来到苏州，还成为她儿子的老师，这真是个巧合。

陈奂见母亲沉默不语，他叫着娘，问道，您认识段先生吗？不，不，我不认识他。林芳霞言不由衷地回答儿子的问话。

陈奂继续告诉母亲说，段先生好像特别重视我，他指导我读"五经"，还将他自己写的《六书音均表》借给我看。林芳霞对儿子说，奂儿啊，你既然有这样的名师器重，更应该发奋学好，绝不能辜负老师对你的培养啊。再说，我 19 岁嫁来苏州陈家，生有三女一男，你的三个姐姐都已出嫁，娘 40 岁时才生了你，在你刚3 岁时，你爹就去世了。我们虽然过着孤儿寡母的生活，但家里开个米行，营业还算红火，家业兴旺了，现在我的唯一希望，就是你能勤奋读书，日后能金榜题名，光耀陈家门庭。陈奂点点头说，娘，我一定不使您失望，请娘放心。

在庭院的井台上，段玉裁在提水，妻子于倩在洗衣，外孙自珍和孙女美贞同坐在庭院的石条凳上诵读诗文。龚自珍叫声美贞表妹，我们来背诵诗文好吗？美贞说，好呀，怎么背法？自珍说，一人背上句，一人接下句，谁如果接不上，就刮谁的鼻子，一次接不上刮 10 个，两次接不上刮 20 个，以此类推。美贞说，好的，表哥，你先背上句。

龚自珍说，我现在背第一句，你得接上呀。自珍道，古人学问无遗力。美贞接着，少壮工夫老始成。自珍又道，纸上得来终觉浅。美贞接着，绝……绝……却没有背出来。自珍提示，绝知此事要躬行。他对美贞说，后一句你没背出来，就伸手刮了美贞10 个鼻子。美贞不高兴地说，你刮得太重了，我好痛呀！

段玉裁夫妇俩眼看两个孩子在背诵诗句和刮鼻子，不禁大笑了起来。美贞高声嚷着说，像这样刮，我的鼻子要塌了，我不跟你背诵诗了。自珍说，本来嘛，女伢儿读什么书，背什么诗啊，女流之辈又不考秀才、举人和状元。美贞气呼呼地说，这是什么话，我看到有些戏剧中就有女状元和女驸马。为什么就该你们老小羔羔能读书？龚自珍听不懂老小羔羔是什么意思，就问美贞，你是在骂我吧，什么叫老小羔羔？美贞回答说，你就是个老小羔羔。

龚自珍不解其意地边重复说着"老小羔羔"边向井台走去。他问外婆，美贞妹妹说我是老小羔羔，什么是老小羔羔？外婆笑着答道，我们金坛土话，称男孩子为"老小羔羔"，称女孩子为"丫头羔羔"，同你们杭州称"男伢儿"与"女伢儿"是一个意思。自珍说，噢，我明白了！

段玉裁却问，自珍，你刚才说明白了，你明白了什么呀？我告诉你，老小羔羔和男伢儿都是指男孩子，义同音不同，这是地方话，也称方言。段玉裁接着说，方言也是一门学问啊，要很好地研究，才能使语言这个人们重要的交流工具，起到真正的沟通作用。

龚自珍听了外公、外婆的解释，立刻茅塞顿开，来到段美贞面前说，我是老小羔羔，你是丫头羔羔。

龚自珍最喜欢听故事，特别爱听英雄人物的英勇事迹。他对外公说，您说每天讲一个故事给我们听的，可已三天没讲了，今天讲一个吧。段玉裁说，这几天我很忙，给忘记了，好，今天我给你们讲一个。龚自珍大声叫着，美贞，丫头羔羔，快来听讲故事呀！

段玉裁同外孙、孙女三人同坐在一条石凳上，段玉裁清清嗓子说，在我国西汉时期，在江陵有个小男孩名叫朱詹，他才3岁就死了父亲，从此他就跟着叔父过日子。叔父家境很穷，常常揭不开锅。朱詹 6 岁时，非常爱读书。但由于叔父无钱供他进书堂，他从本村一个塾师那里借来书和刀，自己削竹简将书抄刻下来，日夜苦读，不懂就去请教那位塾师。有时没吃的就去挖野菜、摘野果充饥，天冷了，没有棉衣和棉被，就怀抱小黄狗睡在牛肚皮旁取暖。

　　朱詹由于勤奋学习，刻苦读书，后来成为著名的学者，被朝廷任命为礼仪和外交方面的重要官员。他在开展外交活动中，对维护国家主权和民族利益，作出了很大的贡献，受到朝廷的嘉奖。

　　段玉裁提高嗓音说，从小就要勤奋刻苦学习，长大了才能成才。诗云：少壮不努力，老大徒伤悲。段玉裁问外孙和孙女，你们听了刚才讲的故事，有什么想法呀？龚自珍说，我要像朱詹一样，刻苦学习，长大了成为国家的有用人才。段玉裁说，自珍讲得好，不过对一个人来说，不能只听其言，重要的还要观其行。

　　段玉裁说，故事讲完了，现在来谈你们的学习。他说，自珍，你先将《论语》第一卷，从头开始背给我听。龚自珍站起身，摇头晃脑地背诵起来，子曰，学而时习之，不亦说乎，有朋自远方来，不亦乐乎。段玉裁叫外孙停下，他说，学习诗文不仅要会背，而且要读懂。我问你，孔夫子这两句话是什么意思？龚自珍当即作了回答。段玉裁听了点点头。

　　段玉裁又转身对孙女说，美贞，你把《三字经》背给我听听。孙女将手上拿着的书合起来，背诵着，人之初，性本善。性相近，习相远……段玉裁问孙女，人之初是性本善，还是性本恶？孙女回答说，书上讲的是性本善嘛。段玉裁说，我认为，人之初，性本恶。他问外孙，自珍，你说呢？龚自珍回答说，依我看，人之初，无所谓性善性恶。段玉裁高兴地说，自珍答得好。段玉裁夫妇看着两个孩子活泼天真地回答问题，喜形于色。坐在一旁的父亲段得莘也以欣慰的神情微笑着。

外孙和孙女玩耍去了，段玉裁走进书房为"说文"作注。妻子也跟着来到书房，并对丈夫说，看看两个孩子真有趣。她说，官人啊，两个孩子，你最欢喜谁？段玉裁说，你提出的问题有偏见，他俩一个是我们的孙女，一个是我们的外孙。对他俩我一视同仁。妻子说，你时刻关心自珍的学习。我觉得你特别欢喜和器重他。段玉裁说，这不是感情问题，而是因人而异，因材施教嘛！

妻子贴近段玉裁的耳朵，轻声地说，我看自珍和美贞从小在一起，以后结为伉俪，那真是青梅竹马呀。段玉裁微笑着说，是啊，但目前不要提这件事，特别是自珍，现在要让他一心苦读圣贤书，以后再给他俩定终身大事。

段玉裁十分关心和注重培养下一代，使他们能早日成才。他对学友和弟子，都尽心协助和栽培，多加鼓励和提携。在其弟子中，他很器重江浩，推崇王旨之，并收陈奂为徒。他还精心栽培江沅、黄丕烈、龚丽正和胡积成等，使他们后来在学业上都取得了一定的成就。

段玉裁对他的外孙龚自珍，更是视如家珍，对他培养教导极其尽力，平时十分关心这位外孙的学业，他还赐书勉学，要外孙"读有益之书(经史)，做有用之文"。

外公段玉裁的教诲，影响了龚自珍的一生。他在外公家除了学习了"十三经"外，还阅读了司马迁、班固、贾谊、苏洵、王安石、范仲淹等人有关历史、政治、经济和文学方面的书籍。他尤其爱读王安石的《上宋仁宗皇帝书》。龚自珍出身于书香门第，后来中了进士，做过朝廷的内阁中书和礼部主事。他以天下为己任，时时关注着现实的政治和国家的命运。他的美文《病梅馆记》闻名海内。龚自珍在北京时，与林则徐是好朋友。当林则徐赴虎门销烟时，龚自珍亲自送林则徐出都门，并写了一篇题为《送钦差大臣侯林公序》的文章。文中写道：

> 钦差大臣兵部尚书都察院右都御史林公既陛辞，礼部主事仁和龚自珍则献三种决定义，三种旁义，三种答难义，一种归墟义。中国自禹、箕子以来，食货并重。自明初开矿，四百余载，未尝增银一厘。今银尽明初银也。汉世五行家，以食妖、服妖占天下之变。鸦片烟则食妖也，其人病魂魄，逆昼夜，其食者宜缳首诛！贩者、造者，宜刿脰诛！兵丁食宜刿脰诛！此决定义，更无疑义。诛之不可胜诛，不可绝其源，则夷不逞；奸民不逞；有二不逞，无武力何以胜也？火器宜讲求，京师火器营，不知施于海便否？广州有巧工能造火器，以便修整兵器。至于用兵，不比陆路之用兵，此驱之，非剿之也。

龚自珍还写诗怀想林则徐，关注林则徐能否打破阻力、完成艰巨的禁烟事业。诗中写道：

> 故人横海拜将军，侧立南天未蒇勋。我有阴符三百字，蜡丸难寄惜雄文。

龚自珍生活在清王朝晚期。如果说但丁在欧洲是中世纪的最后一位诗人，同时又是新时代的最初一位诗人，那么，在中国历史上，龚自珍也恰是这样一个"最后"和"最初"转折时代的著名思想家和诗人。龚自珍虽入仕途，但总不得志，受到清朝统治者的冷遇。他死于鸦片战争第二年的 1841 年（道光二十一年）。在他生活的五十年间，正是中国封建社会急剧解体、走向半殖民地半封建社会的开始。他的绝大部分年岁虽然是在近代开始以前度过的，但他的愤激辛辣的诗文，不只是过去的挽歌，重要的意义在于指向将来。龚自珍从早年到晚年，随着视野所及、探索所及，将他的精力和才华，锤炼为三百多篇散文和近八百首诗词。当然，身为外公的段玉裁对自己的外孙龚自珍的伟大业绩就不可能全部知晓了。

十二、举家游园　巧遇故人

　　一天，段玉裁正在书房伏案写作，妻子于倩走进书房对他说，官人，你除了书院讲学，就是整天埋头注"说文"，应该有劳有逸才是啊。我看今天你就放松一下吧，带自珍和美贞去逛逛苏州的园林。自珍在我面前唠叨过几次了，他说，人们常讲"上有天堂，下有苏杭"，杭州的湖光山色美景如画，苏州园林有江南之最的美称。他说，来苏州快一年了，一处地方都没有去看过。今天，我们就带两个孩子去游览园林吧！

　　于是，段玉裁夫妇带着外孙和孙女来到拙政园。园内亭台楼阁，假山曲桥，流水潺潺，百花争艳，林木葱茏，使人如醉如痴。段玉裁手挽外孙，妻子握着孙女的手臂，通过一座小桥，绕到池边，登上水榭观景，四人的身影倒映在水中。此情此景使段玉裁回忆起40年前在莫愁湖的水榭上，他和林芳霞的水中倒影。他自言自语地低声吟诵起"四十年前影未合，如今水映祖孙人"。龚自珍问外公，您刚才说的是什么呀？段玉裁回答说，没有什么。

　　祖孙四人正在水榭上扶栏远眺，园内传来苏州评弹的演唱声。段玉裁说，评弹的曲和词真美啊，自珍，我们没有琵琶弹曲，采用骈句来吟唱好吗？龚自珍问外公，什么叫骈句呀？段玉裁解释说，所谓骈句，就是如同对对子一样，所不同的是，骈句规定上下句都是十个字，而且要四六分开，上下句的声和义要相对。龚自珍说，噢，我懂了，现在请外公先出上句。

段玉裁说，我的上句是琵琶音脆如连珠落银盘。龚自珍点点头，稍停了一下说，吴歌委婉似锦袍环玉带。段玉裁夫妇都说，自珍对得好。可就是坐在一旁的段美贞低头不语。段玉裁问孙女，你说对得好不好啊？段美贞含羞说，我还不懂什么叫骈体文呢。段玉裁说，回去爷爷教你学，好吧？

祖孙四人走下水榭，来到一座长廊，坐在条凳上休息。这时远远看见陈奂领着他的母亲林芳霞，后面还跟着一个侍女向长廊方向走来。陈奂抬头看见段玉裁，他对母亲说，我的先生也来游园了，您看他坐在长廊里面。林芳霞听说段玉裁坐在前面长廊里，就对侍女说，我们回头到茶亭里去坐坐喝点茶。陈奂问娘，您怎么啦？我们一起去看看段先生吧。林芳霞却掉转身子，叫侍女跟她向茶亭走去。

陈奂一人向段玉裁所在的长廊走去，他人未到就高声叫着，段先生，师母！段玉裁见是陈奂来了，就招呼陈奂快来坐坐。陈奂说，我娘也来了，她在对面的茶亭休息喝茶。段玉裁噢了一声，并问道，你娘好吗？陈奂回答说，她现在身体很好，谢谢段先生。

林芳霞衣着华贵，端坐在椅子上，侍女立于一旁。她端起茶杯喝了一口，又放在面前的茶几上。40年前，在莫愁湖同段玉裁相会的尴尬往事，又浮现在她的脑海里。她想，如果当时段玉裁接受了她的献花，那走的又是另一条不同的人生道路，如今老来无伴的苦衷就不会出现了，她那尴尬和遗憾的心情一起涌上心头。她站起身，远远看着段玉裁同她的儿子在交谈，虽然她听不到他们的谈话之声，却清楚地看到他们谈话的身影。

师生走到一起，谈话内容当然都是些为学之道。段玉裁对陈奂说，做学问，要勤奋刻苦，求真务实。对前人的学说和论断，既不能照搬照套，也不要轻疑，随便舍弃。不要唯书，要走出书斋，到实践中去作考证。经过考证，正确之处则从之，谬误之处则改之。对有疑而不能信者，再去经过实践，反复考证之，不要急于妄断是非，此乃做学问之道也。

段玉裁接着说，陈奂啊，我再向你重复一遍，做学问，只有勤奋刻苦，才能得到真才实学，一个人有了真才实学，才能为后人作出贡献。

听了段玉裁的一番讲话以后，陈奂说，先生一席话对晚生来说，真是胜读十年书啊，我一定牢记在心上，特别是先生的高深学问和为学之道，值得晚生认真学习和效法终生。

段玉裁以惆怅的心情说，我注"说文"本想春蚕丝尽自作蛹，现在看来，我年纪大了，身体又不好，恐怕丝未吐尽，就要成蛹了！陈奂呀，我希望你认真读书，能成为一位朴学名家，将我的"说文"注释任务继续完成。陈奂听了段玉裁的一番托付之言，心中不由生出一丝伤感的情绪，但他却以安慰的语气说，夕阳西下分外红，先生定会健康长寿，一定能善始善终完成《说文解字注》这部大作。

坐在一旁静听师生俩谈话的龚自珍，提笔吟诗一首：

张杜西京说外家，斯文吾述段金沙。

导河积石归东海，一字源流奠万哗。

陈奂听完这首诗，夸奖说，真是一首好诗！段玉裁却说，此非好诗，是外孙为外公吹嘘的怪诗。

陈奂问，自珍，你今年多大啦？龚自珍回答说，我今年12岁。陈奂说，自珍呀，我今年17岁，年龄比你大，但才气没有你高！龚自珍连声说，不，不，我要向陈大哥学习，以弥补我的不足。两个青少年相互谦虚之时，段玉裁插话说，你们两人应当相互学习，取长补短，这样才能共同提高。

　　林芳霞在茶亭有些坐立不安，时而站起来走几步，时而又坐下呷一口茶，还不时地抬头看看儿子的身影，盼望他快回茶亭，快点离开拙政园，以免发生同段玉裁碰面的尴尬。侍女看出了主人的心思，她走出茶亭，站在池塘边，向陈奂招手，示意要他赶快来茶亭。陈奂见侍女在招手，便向段玉裁告辞来到茶亭，母子和侍女三人向园外走去。

　　几天后，段玉裁应吴县知事唐陶山之邀，游虎丘山。龚自珍听说外公即将应邀游虎丘，也闹着要去。段玉裁心忖这是父母官之邀，应邀对象又都是名人学士，带外孙同去是否合适呢？他便征询妻子于倩的意见。妻子说，平时你很少有时间带孩子们出去玩，这次就顺便带自珍同去吧，反正是游览，有什么不合适的啊。段玉裁说，好，自珍跟我同去吧。美贞听说带自珍去不带她去，有意见，说爷爷偏心。段玉裁向孙女解释说，不是爷爷偏心，因为今天是应邀聚会游览，如果我一人带上两个孩子，成何体统，再说游虎丘的机会多着呢，下次我一定带你去。站在一旁的妻子也对孙女说，美贞，下次我们一同去。美贞鼓着嘴低头不语。

　　段玉裁带着外孙来到虎丘山。夏令季节，山上林木葱茏，蝉声大作。祖孙二人手挽着手拾级而上。龚自珍说，山虽不高，可我登上山顶还是感到有点吃力。段玉裁说，做学问也一样，要舍得花力气，吃得苦中苦，才能登上学术之高峰。

龚自珍接着说，外公，我一定认真努力，勤学苦读，长大了和外公一样研究训诂，做一个文字学家；还要像外公一样能赋诗和著书立说，写文章，做一个文学家。段玉裁说，自珍啊，你只是将外公作为你的学习目标，差矣！你将来应该超过外公才是。龚自珍呶着小嘴微笑着不语。

吴县知事唐陶山、史学和考据学家钱大昕、史学家和诗人赵翼、文字训诂学家段玉裁、经学家阮元和江声等六人，来到一座茶亭，围坐在一张宴桌的四周。

唐陶山首先起立举杯说，诸位都是江南著名文人学者，我作为苏州府所在地的吴县父母官，欢迎各位驾临此次聚会，敬请诸位开怀畅饮。

段玉裁边吃边说，今日是唐知县同我们共聚一堂，此乃父母官与民同乐啊。唐陶山说，哪里，哪里，诸位不是一般庶民，而是学术界之名流啊。

段玉裁说，历史上东晋的王羲之曾在会稽的兰亭举行过"流觞曲水，临流赋诗"的游戏。接着他提议说，今天我们来效法一下兰亭流觞，名称就叫"虎丘七贤效兰亭"。游戏由唐知县主持，转动瓢羹，其柄指着谁，谁就要饮酒一杯，并赋诗一首或作字画一幅。唐知事接着问，诸位，段先生的建议如何？在场的人都异口同声地说好。

唐知县点了一下人数说，虎丘七贤，我们只有六贤，少了一个怎么办？他举目向茶亭外扫视了一下，见一孩童正攀着树干在捉蝉，便道，那里有个孩子，就让他来吧。钱大昕朝着唐陶山指点的方向看去，噢，那个小孩是段举人的外孙，好，就请他来凑合一下吧。段玉裁说，不可，不可，他怎么能同在座的各位平起平坐呢？

钱大昕说，兰亭流觞也有老有少，这就叫做"少长咸集"嘛！

钱大昕边说边向那里走去。龚自珍正爬在树上捉蝉，忽听到有人叫他下来，说是外公因事要他去一下。龚自珍掉头看下面的来人，刚要捉到手的一只蝉给飞走了。他哎哟了一声，带着孩童的稚气，对叫喊他的钱大昕说，就是你把我将要捉到的蝉给吓跑了，你赔给我！钱大昕说，你先下来，跟我同去你外公那里，待会儿，我捉许多蝉赔给你，我还要送给你一件你最喜爱的东西哩。

龚自珍听说要送给他一件最喜爱的东西，就从树上溜了下来。钱大昕从衣袖管里拿出一本《历代神童轶事》连环画递给龚自珍，并说，这个连环画里有孔融让梨、岳飞请战，还有区寄斗寇等等，你说，算赔够了没有？龚自珍看了非常高兴，乖乖地跟在钱大昕后面，来到宴会席。

唐陶山宣布流觞开始。他拨了一下瓢羹，转了两圈停下，瓢柄指着赵翼。众人说，好！于是赵翼饮酒赋诗。他举杯一饮而尽，提笔赋诗曰：

> 李杜诗篇万口传，至今已觉不新鲜。
>
> 江山代有才人出，各领风骚数百年。

在场的人都异口同声地叫好！

唐知县接着转动瓢羹，瓢柄指向段玉裁。段玉裁举杯饮酒后，挥毫泼墨作了一幅画，题为《愚牛晚耕图》。唐陶山看后说，段举人诗文并茂，画笔也不凡啊！钱大昕说，段举人不仅是诗文高手，他还为许慎的《说文解字》作注。他手捧段玉裁的画卷说，诸位看，段举人这幅画，可说是妙手丹青颂老牛，苦耕砚田意境美啊！

席间人们一边观赏，一边赞美。有人说泼墨相宜，笔画传情；还有人说此画高雅清远，画如其人！

唐知县继续转动瓢羹，瓢柄指向了龚自珍。他摇手跺脚说，我不会喝酒啊。他举起茶杯说，我以茶代酒好吗？大家说，好。龚自珍喝完一杯茶说，在座的爷爷、外公和叔叔们，你们都是一代才人，为什么朝廷不任命各位为官？不让你们人尽其才？我现在赋诗一首，为各位鸣不平。龚自珍举笔赋诗曰：

> 九州生气恃风雷，万马齐喑究可哀。
> 我劝天公重抖擞，不拘一格降人才。

江声读完这首诗说，段举人这位大头外孙，年纪虽小，才气不凡啊。众人皆夸奖说，真是一位神童啊！

虎丘七贤，流觞赋诗作画即将结束，唐陶山作为东道主，再次起立请大家干杯。他说，今日之流觞，真是少长咸集，意义不凡啊，欢迎各位常来常往。

十三、奸小妒贤　手稿遭窃

这天，段玉裁正在书房聚精会神地写着什么，妻子领着一位客人走进书房。客人见到段玉裁就拱手施礼，并客气地说，久闻先生大名，今日有幸相见，感到十分荣幸。段玉裁问，先生，你是——？客人回答，我是柳飞石。段玉裁，噢，你就是柳先生，久仰，久仰，快快请坐。

柳飞石目睹段玉裁书桌上的文稿，说，段先生正在忙着写作？段玉裁噢了一声说，我正在为京都友人王念孙的《广雅疏证》一书写一篇序言稿。柳飞石的两眼继续扫视着书桌，他又看到一篇文稿，上面写着《〈西游记〉钞本跋》。段玉裁说，这是为钱大昕先生写的。

柳飞石道，听说段先生的《说文解字注》前二十卷已注释完成了，是吗？段玉裁说，是的。柳飞石说，我很想拜读先生的这一大作。段玉裁告诉柳飞石，现在是个手抄本，还未刻印呢。柳飞石说，苏州有一家印书馆的吴老板是我的好朋友，如果段先生的《说文解字注》刻印有什么困难的话，晚生可以鼎力相助，代为刻印几卷，你看怎样？

以君子之心度小人之腹的段玉裁说，柳先生如此慷慨，真让我感激万分，那么就请柳先生代助刻两卷。柳飞石乘段玉裁转身拿手稿之际，将他放在书桌上的《广韵校定本》一书的手稿，迅速塞进自己的衣袖。段玉裁取来"说文"注第二十一卷、第二十二卷交给了柳飞石。

他却不知这位所谓的来访客人是来者不善，还再次向柳飞石表示谢意。

柳飞石盗窃段玉裁手稿的当天晚上，他敲门走进情妇乔珏家。乔珏娇声娇气地说，你怎么这么晚才来，让我好等啊！柳飞石刚坐下，乔珏就偎依在他怀中，情意绵绵地说着，你不是说过，要带我到外地去见见世面的吗？什么时候出去？柳飞石说，再过几天，等我治服了段玉裁，我一定陪你出去游览。乔珏问柳飞石，段玉裁是个什么人，你为什么要整治他？柳飞石说，你不知道情况，就别问了。

在柳飞石离开段家以后，段玉裁发现书桌上的《广韵校定本》手稿不见了，他四处寻找，仍不见踪影。家里人都说不知道，段玉裁思忖除柳飞石外，其他无一外人来过书房，是否给他夹在"说文注"稿子里带走了？段玉裁因手稿丢失，几天来一直闷闷不乐，整天在书房不是注"说文"，就是唉声叹气，日不思食，夜不成眠。妻子见此情况也心烦意乱。

龚自珍手捧着书本，一边读着"吾尝终日不食，终夜不寝，以思无益，不如学也"，一边走进段玉裁的书房。自珍问外公，"愠"字是什么意思？段玉裁说，自珍，你不要一个字一个字地来问，外公给你一把识字的钥匙，这就是许慎的"说文"部目，你掌握这种检字方法，自己就能学会所有的字，以字来解经，以经来说字，这样就不需要外公一个字一个字地教你了。龚自珍高兴地说，这太好了。

龚自珍从外公的书柜里拿出了诸葛亮的《出师表》、贾谊的《过秦论》和王安石的《上仁宗皇帝书》等，悄悄地溜出外公的书房。

段玉裁脑海中忽然又浮现出《广韵校定本》失窃一事，他边踱着步，边思考着这一手稿的去向。第二天，段玉裁来到东吴书院，他将手稿失窃之事告诉江声，二人分析去向，段玉裁认为此稿可能为柳飞石所带走，问题是如何才能追回，感到难度很大。

江声说，段先生，你还是先在家里好好地寻找一下，如果家里实在找不着，确系被他人盗窃了，再考虑对策。段玉裁回到家里再次在书房里翻箱倒柜找得满头大汗。妻子、外孙还有陈奂也帮着寻找，仍无下落。

段玉裁坐在椅子上，他边叫大家休息，边说，真奇怪，难道这手稿真是不翼而飞啦？陈奂问，先生，听说柳飞石曾来过您的书房，是吗？段玉裁告诉陈奂说，他来过，他说苏州有个印书馆的吴老板是他的好朋友，他愿资助我刻印两卷《说文解字注》，我将第二十一和二十二两卷手稿交给了他，后来我就发现放在书桌上的《广韵校定本》手稿不见了。

陈奂"嗨"了一声说，这个手稿十之八九被柳飞石顺手牵羊带走了，这个人行为不轨，毛手毛脚，先生的《说文解字注》手稿为什么交给他代为刻印呢？此人不怀好意，您可能受骗上当了。陈奂接着说，柳飞石这个人私心太重，妒忌心很强，喜欢打击别人，抬高自己，阴险狠毒，很缺德。让我去找他算账，将先生的三本手稿要回来。

段玉裁说，陈奂，你莫去，柳飞石是不会轻易将手稿交给你的。陈奂说，他柳飞石不交出手稿，我就剥他的皮。段玉裁对陈奂说，你休得胡来，我们要将情况搞清，以事实为依据，有理有节地来交涉这件事，不能以个人情绪办事，否则我们将会处于被动的啊！

不久，知县唐陶山又邀众位名人学士小聚畅谈。席间唐知县说："我们这次聚会，苏州的一位知名年轻学者柳飞石邀而未到，不知是何原因？实在是我们今日聚会的美中不足啊。"江声代表与会者说，谢谢唐知县，我认为今日聚会开得很好，我们都感到兴趣很浓。至于柳飞石有邀未出席，这是因为他做了一件很不光彩的事，所以他没有面孔来见大家。他不来参与此次聚会，这对我们与会者来说是一件大好事，否则会玷污我们的聚会。

唐陶山听了江声的发言后，感到莫明其妙。江声继续解说原由，他说，柳飞石原在我东吴书院讲学，此人有才无德，我怕他会影响学子，故辞退了他，改聘段举人来我院讲学。这本来是一件正常的事，然而，柳飞石不仅对我不满，对段先生也怀恨在心，他以资助刻印为名，诓骗了段先生的《说文解字注》手稿，同时还偷窃了段先生的《广韵校定本》稿件。江声边解说，边拿出两本书放到桌上。

钱大昕接过两本书翻看，一本是《说文段注匡谬》，柳飞石著。此书开头说什么段注"说文"谬误甚多，武断妄改许书……钱大昕慨叹一声说，这是柳飞石攻其一点，不及其余，实在可恶。另一本书为《广韵校定本》，柳飞石著。钱大昕气愤地站起身说，这个柳飞石真是个卑鄙无耻之徒，剽他人之作，署自己之名，此乃盗贼行径。

唐陶山以惊叹的语气说，柳飞石今年才 28 岁，这个年轻人竟会做出如此卑劣之事，真是可叹可悲啊！他举目看了一下段玉裁说，段举人啊，此事发生在我吴县管辖范围内，本县将以事实为依据作出论断，请宽心以待。段玉裁站起身向唐知县表示谢意。

　　唐陶山走后，大家继续愤愤不平地议论着柳飞石诓骗和盗窃手稿的卑劣行径。阮元说，柳飞石窃取他人学术成果，用以宣扬自己，太卑鄙了，此乃我儒林之败类！钱大昕接着说，柳飞石偷窃他人之作，真应该让他坐牢！

　　段玉裁慨叹了一声说，我只是希望他将手稿还给我就行了，我哪里有时间同这种无耻小人打官司啊。江声说，柳飞石这小子存有妒贤报复之心，我们的段先生却有君子容人之量啊！

　　在交谈时，段玉裁将代为校勘的《尚书集注音疏》交给江声，并转身说，钱大哥，您的《二十二史考异》和《艺文志补遗》我已拜读并作了校勘，还有《西游记钞本》代写的跋一并请您带回。江声和钱大昕齐声说，给段举人添麻烦了，谢谢。

　　接着，段玉裁又取出代为校勘的《经籍纂诂》和《十三经校勘记》的修改稿交给阮元。阮元翻开《十三经校勘记》，对段玉裁说，段先生，您给我修改增补了很多内容，充实原稿之不足，这太好了，我如何感谢先生呢？我看这样吧，我们两人合署出版，先生署名在前。段玉裁对阮元说，你写书，我帮助修改，从弘扬中华文化来说，这是我应尽之责啊，完全没有必要署上我的名字。在场的人都异口同声地说，段先生文德高尚，不为名利，真不愧是一代师表！

　　夕阳西下近山丘，月亮东升刚露面。大家来到段玉裁家中用过便餐之后，便在客厅里品茶聊天。江声说，我们段先生怀才又爱才，他来我东吴书院以后，很快就发现了有才气的学子，因材施教，重点培养。就以陈奂来说吧，他在东吴书院几年了，默默无闻。段先生来我书院以后，看了30名学子的习作诗文稿就发现了陈奂的思维独特，诗文非同一般，经过他的重点培养，陈奂在学业上已大有长进。

钱大昕听了江声的介绍后说，陈奂家住在什么地方，我们一起去看看他好吗？段玉裁说，时间不早了，今日就不一定去了吧。江声却说，如果各位有兴趣的话，我愿带路前去。阮元也表示赞同。段玉裁环顾了一下在场的诸位说，既然我们在座的四人中有三人要去，我愿陪同前往。

江声领着大家边走边谈，不一会儿到了陈奂的住处，敲门进入室内。林芳霞忙招呼客人们坐下，侍女端来茶盘。江声急切地问林芳霞，陈奂到什么地方去了？林芳霞焦急地说，晚饭后，我家奂儿气愤地说什么，柳飞石这个狗东西太可恶了，他诓骗和盗窃段先生的手稿，竟然还署上自己的名字，真是卑鄙无耻。他还说，要去找柳飞石算账，要他把三本书稿交出来，否则决不饶他！他说完就走了，我在他后面连追带喊，他却头也不回。

林芳霞边说边流着泪。段玉裁说，陈奂很可能到柳飞石那里去了。他唉了一声说，这个陈奂啊，我再三叫他不要胡来。江声一边安慰林芳霞，一边招呼诸位说，我们赶快到柳飞石那里去。

柳飞石正怀抱乔珏，沾沾自喜地说，我写的《广韵校定本》已刻印出版了，受到经学界的一致好评。我父亲将这本书带到京都后，连翰林院的官员也都说是一本很有价值的好书。乔珏说，这太好啦，我总算没找错人，今后我俩可同享荣华富贵喽！

柳飞石正和乔珏谈得情意绵绵之时，忽然听到急切的敲门声，并伴随大声叫喊：开门，开门！柳飞石对乔珏说，现在叫开门，来者不善，不能开！陈奂敲了几下以后，既无人答话，又不开门，他就用石块将大门砸开。陈奂进入室内，又一脚踢开乔珏的卧室门，只见乔珏一人缩在床的一角。陈奂问，柳飞石呢？乔珏回答说，他今天没来这儿，你来干什么？陈奂说，我要柳飞石将我先生的三本手稿交出来。乔珏说，他人不在这儿，你向谁要手稿呢？陈奂环视了一下室内，发现床边有一双男人的鞋子。他朝床底下一看，柳飞石半躺在床底下。陈奂将他拖出，两人厮打起来。

正在陈奂同柳飞石打得难解难分之时，江声、段玉裁等四人走进乔珏的卧室，江声大声喝道，你们都给我住手！为什么互相殴打？！

柳飞石说，陈奂他夜闯私宅，还行凶打人！江声问，陈奂，你为何跑到这儿来打人？陈奂说，他诓骗和盗窃段先生的手稿，还改用自己的名字刻印出版，这种无耻小人，不打他打谁？他今天不交出手稿，我还要揍他！

提及手稿之事，柳飞石顿时做贼心虚，言不由衷，他支支吾吾地说，段先生的两卷《说文解字注》是我资助为他刻印的，现在还未刻印好，至于还有什么手稿，我就不知道了。这时钱大昕开口了，他说，年轻人啊，怎么到这时你还用假话骗人。他边说边抖着手上的两本书说，柳先生啊，你的大作《说文段注匡谬》和《广韵校定本》的刻印本已到了我们的手上，你应该承认事实啦！陈奂边骂着柳飞石这个狗东西，边到处翻找手稿，结果在床垫底下找到了三本手稿。段玉裁接过陈奂找到的手稿看着说，这

就是我的原稿。江声和钱大昕看了原稿都说，这两件原稿，过去
段先生曾给我们看过，确实如此。

段玉裁将《广韵校定本》原稿同柳飞石刻印并署上自己名字
的《广韵校定本》一比较，完全一样。他说，柳先生啊，今日该
完璧归赵啦。江声接着说，能完璧归赵就好啦，不过柳先生呀，
我还要向你指出，你年纪还轻，应该老老实实做学问，要学习别
人之长，补自己之不足，不能欺世盗名，割他人之肉，补自己之
疮啊，否则将会身败名裂，葬送自己的前途呀！在场的人都连连
点头称是。

江声等四人一同送陈奂回家。陈奂走进家门，林芳霞见儿子
被打得鼻青脸肿，抱着儿子边哭边问，奂儿，这是怎么一回事啊？
陈奂告诉母亲说，我去找柳飞石要回段先生的手稿，他顽抗不交，
还打我。林芳霞哭道，奂儿哟，妈再三叫你不要去，你不听妈的
话，这是你自讨苦吃呀！段玉裁说，是呀，我事先也曾对他讲，
对柳飞石这样的人，千万不可感情用事，休得胡来，要有理、有
据、有节地去处理这件事。在场的人都说，年轻人个性急躁，陈
奂啊，要以此为教训，今后注意吧。

段玉裁的手稿虽然失而复得，但这件事并未结束，却使问题
更趋复杂。柳飞石将报复的矛头又指向陈奂。

一天晚上，陈奂在自家的书房里读诗文，母亲来到书房说道，
奂儿，时间不早了，你该睡觉啦！陈奂端着油灯走进卧室。柳飞
石悄悄窜进陈家庭院，来到陈奂书房的窗外。他推开窗户门，手
伸进窗内，在窗台下的书桌上摸到几张纸，但看不清上面写的是
什么。他揣在怀中，回到家打开一看，其中有一张纸上写着这么
一首诗：清风无意难留我，明月有心自照人。何时习艺成名去，

丹青皇皇满乾坤。柳飞石读了这首诗后，自言自语地说，清风无意难留我，明月有心自照人。这是反清复明呀，陈奂你这个小子，等着瞧吧！

第二天，柳飞石拿着这首所谓的反诗走进吴县县衙，击鼓投诉，控告陈奂有反清复明之企图。

当日午夜，陈家大院门前火光通明，一群衙役手持大刀呐喊开门。数名衙役进入室内，将陈奂绑起。陈奂问，你们为什么要绑我，我犯了哪条王法？一个衙役吆喝着，少啰唆，带走！陈奂的母亲跟在后面哭喊着奂儿，突然晕倒在地，由侍女将她搀扶回房。

数日以后，陈奂被押解到苏州天平山麓的刑场上。数十名士卒手持弓箭站立在刑场四周，四名衙役手持大刀站在陈奂的两旁。围观者达数百人之多，林芳霞在侍女的搀扶下也来到了刑场，挥泪哭泣，简直是痛不欲生。

吴县知事唐陶山传令说，开斩时间将到，刀斧手准备！两名刀斧手袒胸露怀，手持大刀，杀气腾腾地站在陈奂的身旁。

就在陈奂的生死关头，段玉裁和江声等四人气喘吁吁地赶到现场。段玉裁一边挥动着手中的字帖，一边高呼着，请刀下留人，不要错杀无辜！唐陶山说着，段玉裁，你好大胆啊，陈奂谋反，证据确凿，你竟敢为死囚鸣冤，这是为何？

段玉裁走到唐陶山的面前说，唐大人，我徒陈奂看阅字帖，练习书法，何罪之有？唐陶山指着柳飞石从陈奂的书桌上窃来的一首诗说，你徒陈奂，书写反诗，他说什么清风无意难留我，明月有心自照人。他妄图反清复明，对谋反大清朝廷之人，王法岂能宽容！

段玉裁说，唐大人，您听老朽禀告，这首诗并非陈奂所写。唐陶山问段玉裁，那么，此诗是谁写的？段玉裁回答说，此乃张择端所作。

唐陶山追问此人现在何处？段玉裁说，他早已死了。唐陶山恶狠狠地说，死了也要治他的罪！段玉裁说，唐大人，张择端是宋代的书法家，我带来一本他的诗词和字帖，请您核对一下，并请大人明察。唐陶山接过段玉裁给他的字帖，一核对确无二样，于是锁眉沉思。

段玉裁接着说，张择端去世距今已674年，在那个时候谈反清复明岂不是倒转历史吗？这分明是柳飞石别有用心，对陈奂进行陷害啊。柳飞石诓骗我的手稿，您已知晓，今日也因与此事有关，竟然又企图谋害陈奂，此人真是太可恶了，如此害群之马岂能再容忍下去，让他继续为非作歹吗？

唐陶山遗憾地说，段先生，陈奂蒙冤是一场误会，请段先生谅解，并请段先生代我向陈奂转致歉意，至于对柳飞石这个小子，日后我自当查处。

然而柳飞石的父亲在京城为官，而且与大贪官和坤关系密切。唐陶山作为一个七品芝麻官，他敢动柳飞石一根毫毛吗？

林芳霞陪儿子来到段家，陈奂手拿礼物走进段家大门，向段玉裁叩首三拜。段玉裁迅即将陈奂扶起。站在陈奂身后的林芳霞说，段先生救我儿一命，恩如再生父母，今日特陪我儿登门拜谢。段玉裁说，哪里，哪里，陈奂为了坚持真理和公正，使我的手稿失而复得，我应感谢他啊。再说，他是为追回我的手稿而遭此冤屈的呀，为他申冤，这是我应尽之责！

段玉裁请陈奂母子到客厅就座用茶。然而林芳霞埋在心灵深处几十年的尴尬，驱使她带着儿子匆匆离开段家。陈奂看着母亲很不自然的神情有些困惑不解，他问母亲，您为什么不在段先生家坐一会儿，如此急忙赶回家干什么呀？林芳霞答非所问地说，你问什么呀，我赶回家有急事！

十四、广结文友　文坛论争

　　段玉裁辞官后，广结文友，同时受到后学的崇敬和亲近。段玉裁归乡途中路过南京，便专程前往钟山书院拜见钱大昕。钱大昕曾于乾隆三十五年（1770）二月为段玉裁《诗经韵谱》作序，称《诗经韵谱》为通人之论。钱大昕字晓征，一字辛楣，号竹汀，雍正六年（1728）生，大段玉裁七岁。江苏嘉定人。乾隆十九年进士。官至詹事府少詹氏。乾隆三十八年以父忧归，居家三十余年，主讲钟山、娄东、紫阳三书院。平生博览群书，凡经史、文字、音韵、训诂、历代典章制度、官职、氏族、地理、金石等莫不深究。段玉裁前往拜见他的时候，他正任着钟山书院院长一职，这次拜见，一方面是对钱大昕当年赐序致谢，另一方面是就学问上的一些疑难向时贤作些请教。这一次交往，二人结下终生之谊。

　　回到金坛老家，段玉裁有幸又得卢文弨、金榜、刘端临为友。段玉裁的人生交游从此随着学问的湛深而走向宽广之途。

　　卢文弨，字绍弓，又号抱经，浙江余姚人。生于康熙五十六年（1717），比段玉裁大十八岁，依年龄，是段玉裁的前辈。乾隆十七年进士，授翰林院编修。历官左春坊左中允、翰林院侍读学士。乾隆三十年，充广东乡试正考官。三十一年，提督湖南学政。

后乞养归，主讲浙江各书院二十年。平生潜心汉学，精于校勘。有校勘成果多种。学者或称卢学士。

金榜，字辅之，徽州歙县人。生于雍正十三年（1735），与段玉裁同庚。乾隆二十九年召试举人，授内阁中书，在军机处行走。乾隆三十七年进士及第，授吏部稽勋司主事。改翰林院编修。后因病乞归。他先后从江永、刘大櫆受业，又与戴震相友善。承师友之训，学有根底，是当时治礼学的名家。著有《礼笺》十卷。

刘端临，名台拱，江苏宝应人。生于乾隆十六年（1751），比段玉裁小十六岁，对段玉裁来说，是十足的后生。他九岁作《颜子颂》，观者称其为神童。年十六补诸生，乾隆四十九年（1784）以大挑二等，授丹徒训导。乾隆五十二年（1787）中举，会试不第。其学自六书、九数，以至天文、律吕，无不穷极。而于考证文字、音韵最为精审。于六书、转注、假借皆有成说，其稽经考古，为诸老所推服。刘端临虽然是个后生，段玉裁却和他关系最密。

桂馥，号未谷，山东曲阜人。乾隆元年（1736）生，乾隆五十五年（1790）进士，小段玉裁一岁。桂馥精通文字学，著《说文解字义证》五十卷，成就巨大，与段齐名，学者并称桂、段，后人目其为《说文》四大家之一。

姚鼐，字姬传，室名惜抱轩，安徽桐城人，雍正十年（1732）生，比段玉裁大三岁。乾隆二十八年（1763）进士。曾受学于刘大櫆，达官之一。主张文章须以考据辞章为手段，阐扬儒家义理，为桐城派"古文"的领袖人物，在当时文章界极负盛名，因姚鼐而有"天下文章在桐城"的说法。

阮元，字伯元，号芸台，江苏仪征人。乾隆二十九年（1764）生，比段玉裁小二十九岁。乾隆五十四年（1789）进士。历任湖广、两广、云贵总督，体仁阁大学士，加太傅，为达官。平生以提倡学术为己任，精通文字训诂，除勤于著述外，汇集学者编校刻印典籍，成《经籍纂诂》、《十三经注疏》、《皇清经解》等。

黄丕烈，号荛夫，江苏吴县人，乾隆二十八年（1763）生。精校勘，为乾嘉时期著名版本目录学家。

又有孙星衍、钮树玉、程瑶田、江声、任兆麟、江有诰、王昶（内阁中书）、臧镛堂（在东）、顾广圻等等，这些人也都是名家。

乾隆五十四年（1789）冬，段玉裁与邵二云晤于京师，"倾谈之余，呼为快事。"二云名晋涵，江西余姚人。乾隆八年（1743）生，小段玉裁八岁。乾隆三十年（1765）举人，三十六年（1771）礼部会试第一，赐进士出身。三十八年（1773），召修《四库全书》，除翰林院庶吉士，后授编修，五十六年（1791）擢左中允，充日讲官，转侍读，累官至翰林院侍讲学士，兼文渊阁直阁事。博通经史，尤精《尔雅》，荟萃古训，著《尔雅正义》二十卷，为学者所称。系乾嘉时期著名学者。

当此之时，段玉裁已跃进大师行列。学海砥柱，四方向风，很快，他又迎来年轻人的崇拜。

陈鳣（字仲鱼）经过王念孙的介绍，前来谒见在京的段玉裁。"时仲鱼年方壮，学甚精进，先生甚敬之。"陈仲鱼后来成为汉学一大名家。

卢文弨的高足丁履恒前来拜见段玉裁，以《音论》三篇为挚介，从段玉裁学习音韵。其时在乾隆五十二年（1787）丁未。履恒后来也成为汉学一大名家。

卢文弨的另一高足臧在东在乾隆五十五年（1790）孟春写给

段玉裁的信中说："去年来龙城书院，未及走见，恨恨。"在东生于乾隆三十二年（1767），小段玉裁三十二岁。精校雠，卢文弨称其"天下第一"。他虽是卢的弟子，却对段玉裁充满景仰之情，经常问学于段玉裁。段玉裁也十分看重这位年轻人。乾隆五十六年（1791）丁亥，段玉裁把自己的新作《古文尚书撰异》交给臧在东，嘱为校雠。当时，臧在东年仅二十四岁，对段玉裁之托毫不客气，"因为参补若干条"。刘端临看过臧在东所参补后，对段玉裁说："钱少詹（大昕）签驳，大多不合先生大作之旨，赶不上臧君持论正合。"段玉裁也认为在东如刘端临所言，于是又把"《诗经小学》全书数十篇授在东读之，在东为删繁纂要，《国风》、大小《雅》《颂》各录成一卷"。段玉裁后来看到臧在东的这番整理，"喜曰：'精华尽在此矣，当即以此付梓。'"八年之后，臧在东为酬段玉裁"十年知己之德"，"典裘"出版了段玉裁这部著作。

阮元是个高官，又是个富翁，也是一个学问家。作为学问家，他十分钦仰段玉裁的渊深。乾隆五十六年（1791）奉诏校勘石经《仪礼》，曾专函向段玉裁请教疑难。乾隆六十年（1795）十月末，阮元赴浙江学政任，途经苏州，盼望段玉裁同他一道前往杭州，"下榻欢言"，他有书致段玉裁云：

> 睽违雅教，时切怀思。近念兴居安集，著述日新，定如私颂也。顷过丹徒，晤端临同年，知侨居苏门，兼有足疾，未知近日能痊愈否？弟于今日至苏，约有半日耽搁，急欲一见，略罄渴怀。又访得尊居距城颇远，本当亲诣高斋，奈皇华期迫，不能久延。谨令县中人备舆

奉迓，至弟舟一谈。大著《说文读》及诸《汉读》《诗、书小学》稿本，务必携来，借可略饮江海之一勺，万勿吝教。此时避户著书，想无酬应，武林距苏甚近，或即与弟同舟至彼，下榻欢言。留彼久暂，亦听吾兄之便。弟署中尚有一二治学之士，尚不寂寞，如惠然肯来，书卷行李即为装束一舟，同弟行也。今附上弟近刻数篇，又碑刻一种，乞加指摘，余俟面罄。年愚弟顿首。

嘉庆六年，阮元在浙江任上主持校勘《十三经》，力聘段玉裁主持。段玉裁其实已年近古稀，手中正紧张地撰写着《说文解字注》，却依旧欣然应允。五月，段玉裁风尘仆仆赶到杭州，十二日，阮元在诂经精舍第一楼设宴为段玉裁接风。嘉庆九年出资为段玉裁刻了《说文解字注》第五篇上。阮元比段玉裁小二十九岁，段玉裁却尊称阮元为"阮公"。

段玉裁在学海辛勤耕耘，使崇拜他的学子纷纷向他靠拢。可是对于段玉裁也并不全是好事。

事情发生在和顾广圻的相处上。顾广圻出生在乾隆三十一年（1766），比段玉裁小三十一岁，是十足的后生。他字千里，以字行，江苏元和人。自幼家贫，聪颖好学，"枕上未尝废书"，学问遂至淹博，人称"万卷书生"。他是著名汉学家江声的高足，也是惠栋的再传弟子。经江声指点，他尽通经学、小学之义，学问益发渊深，辨证精确，以校勘见长。根据学者考证，段玉裁是在乾隆五十七年（1792）十月为避所谓横逆之祸移居苏州阊门外下津桥时得识顾千里的。李庆《顾千里研究》载段玉裁这一年，"始见千里，称之曰'《音均表》解人，昔为高邮王怀祖，今乃得足下耳。'"寄书陈寿祺曰：'子兰与顾千里，苏之二俊也。'"

　　嘉庆元年（1796）时，段玉裁在致邵晋涵的书中又称赞顾千里"博而且精"。作为大师的段玉裁，口中道出对顾千里那么多赏识有加的话，旁人能不对顾千里高看一眼。而顾千里对段玉裁的爱赏也十分珍视，随之而来的是对段玉裁的更加崇拜，他说："凡学须名其家，金坛段君，学之名其家者也。"崇拜的结果是顾千里"遂请业"，二人成了师徒。

　　二人有了师徒关系，学术上生活上的来往更是愈加频繁。《段玉裁年谱》上说乾隆五十八年（1793）五月，"顾千里来借先生明道二年《国语》校本"，又云乾隆六十年（1795）"顾千里作《烈女传》校语时就正于先生"，又说嘉庆四年（1799）"顾千里代黄荛圃作《国语札记》，恒就正于先生"。

　　段、顾此间关系之密切，从段玉裁与刘端临书亦可见一斑，如《年谱》云：段玉裁"意欲延一后生能读书者相助完《说文》稿子而不可得，在东已赴广东，为芸台刊《经籍籑诂》，千里亦无暇助我。"这表明顾千里在段玉裁心目中已是一位足可接替他事业的人。

　　由于对顾千里的器重，段玉裁当上十三经校勘主持后，立即把顾千里推荐给阮元，阮元便请顾千里前来入局，主校《毛诗》。

　　然而，令段玉裁没想到的是顾千里来局后，常常与众人的意见相左，争论不休。嘉庆八年（1803），段玉裁提出十三经"'注疏汇刻'始于淳化"，在《临陈芳林校左传正义跋》中又说"此淳化庚寅官本，庆元庚申摹刻者也"。此后又笼而统之地谓"'合刻注疏'在于北宋"。顾千里针对段玉裁的意见，反对说："北宋本必经注自经注，疏自疏，南宋初始有注疏，其后始有附释音注疏，晁公武、赵希弁、陈振孙、岳珂、王应麟、马端临诸君，以宋人言宋事，条例脉络，粲然可寻。而日本山井鼎《左传考文》所载《绍兴辛亥黄唐跋礼记》语，尤为确证，安得有北宋初刻《礼记注疏》及淳化刻《左传注疏》事乎？"段玉裁在这个时候既是学坛泰斗，又是顾千里"请业"之师，他万万没有想到"攻击"会来自顾千里，于是"此说出，段氏大怒"。从此，顾千里的光环开始在段玉裁的心目中黯淡，段、顾嫌隙日滋。这种状况继续下去的结果是从嘉庆八年（1803）秋开始，顾千里愤然离开校书局。

顾千里离开校书局后，仍不时对段玉裁有微词，如说"颇疑"段校本《集韵》"以意改"等等。嘉庆十年（1805）冬，顾千里又应张古馀之约，北上江宁，去为张古馀校刊宋本《仪礼》、《礼记》。

顾千里是一位曾经对段玉裁十分崇拜的年轻人，也是段玉裁极其欣赏和器重的年轻人，当这位年轻人忽然间变为异己，并且不时讥刺攻击段玉裁，这在当时的伦理道德之下不能容忍。痛悔之余，段玉裁开始了对顾千里长达三年的笔伐，文章写了十数篇。顾千里也不示弱，频频予以反击。这便是震动了当时学坛的段、顾之争。

十五、祖孙暂别　门生高中

一天傍晚，段玉裁点起油灯与龚自珍在书房里读解诗文，女儿段驯从杭州回到娘家。一家人见到久别重逢的千金小姐，顿时气氛热腾起来了，特别是龚自珍，倚在他母亲的怀抱里问这问那。

晚饭后，段得莘、段玉裁夫妇及女儿围坐在客厅的八仙桌旁，龚自珍倚立在母亲的身边。段驯边抚摸着儿子的头，边对段玉裁说，爹，自珍在这儿已经三年了，他学习认真吗？段玉裁告诉女儿说，自珍很聪明，读书也很认真，他今年已经15岁，到了考秀才的年龄了。女儿说，是啊，杭州府马上就要举行院试，我这次回来，除了看看爹娘外，就是要把阿珍带回杭州参加院试。

龚自珍听母亲说要带他回杭州，就哭着扑向外公，并连声说，不，不，外公，我不回杭州去，我要在这儿跟外公学习。在场的老太公发话了，自珍啊，你要听话，这次院试是考秀才啊，你怎么能不回去应试呢，考完后再来苏州嘛！

龚自珍抬头看着段得莘，揉了一下眼睛说，老太公，这几年外公教我读了不少书，他教我诵读"四书"、"五经"、唐诗、宋词，还有其他诗文和经典，并详细讲解给我听。除此之外，外公还经常给我讲英雄人物的故事，他不仅教我如何做学问，还教我为人之道。他既是我的外公，也是我的良师啊！

段得莘说，自珍，你讲得很对，我也看在眼里，你外公的确将你视作掌上明珠，对你要求很高，抱有很大希望，对你如此精心培养，你应努力读书，做一个文德双馨的人，绝不能辜负你的外公、外婆、爹娘和我们大家对你的期望啊！龚自珍点点头说，老太公，请您放心，我一定不让你们失望。

外婆叫着，自珍啊，明日一早你就要乘船回杭州，你先回房间睡觉吧。龚自珍点点头说，好。段美贞叫着，奶奶，自珍哥明天真的要回杭州去吗？奶奶回答孙女说，当然是真的啦。美贞呶着嘴带着稚气的语言说，我不愿让自珍哥走，以后谁陪我玩耍呀？姑姑段驯说，美贞，你跟我们一同去杭州好吗？美贞嗯了一声说，我不去杭州，舍不得离开爷爷、奶奶和老太公。

段玉裁的妻子于倩说道，美贞啊，你也去睡觉吧，明天早一点起床为你姑姑和自珍哥送行。在美贞去卧房后，她叫声，驯儿啊，你看自珍和美贞配成一双好吗？我和你爹商量后觉得挺合适的。段驯说，娘，此事我也曾和丽正商量过，我们也认为很合适。她接着说，爹、娘、爷爷，自珍和美贞的终身大事，今日就定下来好吗？段玉裁夫妇和段得莘都一致同意。

段驯接着说，丽正的意思，自珍此次回杭州参加院试，如果考中秀才，准备将他带到徽州，请名师指点他苦读经文。段玉裁说，驯儿，你们这样安排很好。不过，我还得提醒你们对自珍的学习要做好具体安排，聘请名师指点这是很必要的，名师出高徒嘛，然而，更重要的还要靠他自身的勤学与苦练才能成才啊！段驯说，爹，您说得很对，我和丽正一定遵照您老人家的教导去做。

龚自珍躺在床上翻来覆去不能入睡，他在回忆三年来在外公和外婆身边，从饮食起居到学习生活，往事一起涌上心头。外公教他读诗文、给他讲故事等一幕幕情景，不断地在他脑海里翻腾。他忽然听到卧室门外有人低声问，自珍睡着了没有？自珍问，是谁呀，是外公吗？我还没睡着，请外公进来坐一下吧。

段玉裁走进外孙的卧室，坐在他的床沿说道，自珍啊，你这次回杭州参加院试，是你走向仕途的第一步，你要认真对待啊，考试前要做好充分准备，这样才能应付自如。在考场上既要认真，但思想上也不要过分紧张。对诗文试题要审题清楚，不能草率从事，如今科举考试八股文盛行，虽说这种文体形式呆板，内容僵化，言不由衷，可是它被定为必考之科目，而且是衡量读书之人文才高低的主要标准啊。我知道，你的思想很活跃，但不能轻而弃之，要学会入乡随俗啊。

段玉裁接着说，至于八股文的章法和它的写作格局，简单地说来就是起、承、转、合，具体来说它又分为破题、承题、起讲、入手、起股、中股、后股、束股，因为它有八个层次，所以称之为八股文。写八股文，要求破题要义，承题阐发，模拟圣贤，论有气势，排隔相间，论陈朱理。

龚自珍说，我一定牢记外公的教导，请您放心。段玉裁说，好啊，我等待你的好消息。

翌日清晨，段驯一手提着个包裹，一手挽着儿子的臂弯，向苏州京杭大运河边吴门桥走去，段家送行的人群紧跟其后。龚自珍三步两回头地转身看着外公和外婆。一会儿来到了码头，段驯挽着儿子的手臂登上一艘木帆船，母子俩立在甲板上，向站在桥上送行的人们挥手告别。段美贞放声叫着，自珍哥，你考完后就来苏州！自珍高声回答说，好的，美贞表妹，再见！

相逢不易，别也难啊。在帆船起航后，送行的人们久久不愿离去，直至对方的身影消失在彼此的视线中。龚自珍仍然站立在船头的甲板上，举目凝视着距离越来越远的码头。段驯叫着，自珍你为什么迟迟不进舱？快进来歇歇。龚自珍走进船舱，沉默不语，在他的脑海里浮现起三年前的情景。外公带他离开杭州，上了一艘货船，外公给他猜谜语，出对子吟诗，同舟乘客们积极参与，气氛热烈。而这次回杭州深感寂寞冷清。他坐在母亲身边说，娘，这次外公能同我们一起来杭州就好啦！段驯说，自珍，这怎么可能呢，你外公注释"说文"已到最紧张的阶段，哪有时间外出啊。龚自珍说，这倒是真的，外公注"说文"一丝不苟，非常认真，他不仅要查阅很多资料，有时还要到现场进行实地考证，他真是够辛苦的了，他的身体又不好，我看了真舍不得他啊。段驯说，我的乖孩子，真懂事！

龚自珍回杭州参加院试，中了秀才，随后跟母亲一起到了徽州。身为进士、时任徽州知府的龚丽正，望子成龙心切，十分关心儿子的学习和前途，对此进行了精心安排，聘请名师指导，使龚自珍在学业上大有长进。

一天下午，段驯对儿子说，自珍，我们一起来徽州一晃三年过去了，你也到了弱冠之年，你和美贞的终身大事三年前就定下来了，我已同你爹商量过，将选择良辰吉日，迎娶美贞。按传统，男方要事先送迎娶日期，我准备近期陪你去一趟苏州，一方面探望你外公、外婆，同时也将迎娶日期送去，让外公家有个准备。龚自珍问，娘，具体什么时间去？段驯说，准备后天就启程。龚自珍说，好呀，我马上就可以见到外公和外婆啦！

陈奂在段玉裁的指点下，研读经文十分刻苦，习作诗文大有长进。他对段玉裁非常敬重，常对他母亲林芳霞说，他的先生对他十分厚爱。林芳霞听了这些，当然喜上心头。特别是在陈奂因向柳飞石讨还手稿受冤屈得救后，陈家同段玉裁之间可说是过从甚密，情深似海。

一天，段玉裁在自己的书房里帮助陈奂修改《毛诗音》手稿。两人边改边讨论，哪些应删改，哪里应补充。陈奂忽然说，先生对我的学习帮助太大了，我娘对您也非常感激，但不知为什么，她一直怕见您的面。段玉裁说，她大概怕见我这个穷儒的寒酸相吧！陈奂说，不，我娘不是那种人。其实段玉裁心里十分明白，陈奂的母亲一直不愿见他，还是因为几十年前在莫愁湖边发生的那件尴尬事。段玉裁在心中不出声地说，林芳霞呀，你何必老是念念不忘那件事呢！

陈奂接着说，先生，不久我将去京城参加会试，将要离开您一段时间，对您的身体我很不放心，您如此不分昼夜地注"说文"，实在是太劳累啦，您要注意劳逸结合呀。段玉裁说，我注"说文"至今已进行了30多年了，还剩下80个字没有作注解，越到后面难度越大，不能草率，要善始善终，一点不能马虎啊。段玉裁接着说，你要知道，一字之正，造福子孙；一字之误，为害千古啊！我们要让汉字正确地代代相传，绝对不能以讹传讹。昔日，李时珍著《本草纲目》，花了27年时间；今日，我注释"说文"，看来要花40个春秋才能完成。陈奂说，先生治学严谨，著述认真，值得晚生学习呀！

段玉裁对陈奂说，你此次去京都参加会试，给我带封信和书稿给我的同窗好友王念孙。陈奂回答说，先生，您将书稿准备好，写好信，我一定替您带到。

陈奂回到家，对林芳霞说，娘，我这次赴京赶考，可能时间较长，我先生身体不好，您要经常代我去看看他。林芳霞只是点点头，却沉默不语。

陈奂到京城后，将信和书稿交给了王念孙。段玉裁写的《说文解字注》前二十卷放在王念孙的案桌上。王念孙欣然举笔为《说文解字注》作序。

《说文》之为书，以文字而兼声音训诂者也。凡许氏形声读若，皆与古音相准。或为古之正音，或为古之合音。方以类聚，物以群分，循而考之，各有条理，不得其远近分合之故，则或执今音以疑古音，或执古之正音以疑古之合音，而声音之学晦矣。《说文》之训，首列制字之本意，而亦不废假借。凡言一日及所引经类多有之，盖以广异闻、备多识，而不限于一隅也。不明乎假借之指，则或据《说文》本字以改书传假借之字，或据《说文》引经假借之字以改经之本字，而训诂之学晦矣。吾友段氏若膺，于古音之条理，察之精，剖之密。尝为《六书音均表》，立十七部以综核之，因是为《说文注》，形声读若，一以十七之远近分合求之，而声音之道大明。于许氏之说，正义借义，知其典要，观其会通，而引经与今本异者，不以本字废借字，不以借字易本字，揆诸经义，例以本书，若合符节，而训诂之道大明。训诂声音明而小学明，小学明而经学明，盖千七百年来无此作矣！若夫辨点画之正俗，察篆隶之繁省，沾沾自谓得之，而于转注假借之通例，茫乎未之有闻，是知有文字而不知有声音训诂也。其视若膺之学，浅深相去为何如邪！
余交若膺久，知若膺深，而又皆从事于小学，故敢举其
荦荦大者以告辍学之士云。嘉庆戊辰五月高邮王念孙序。

王念孙不仅慨然为段玉裁的《说文解字注》作序，而且还寄
给段玉裁 40 两银子，作为刻印资助。

段玉裁看罢挚友王念孙为自己书写的《序言》，心中感激万
分。信中王念孙还对此书作了高度的评价："段兄的书确是独树
一帜。许书是形书，对音句和义的说解不详且不准。时代不同了，
读音当然有所变化。正如段兄在《说文解字注》中所说，古和今
是相对而言的，古今无定时。周为古，则汉为今；汉为古，则晋
宋为今。随时异用者，谓之古今字。古今人用字不同，谓之古今
字。凡《诗》《书》用'于'字，凡《论语》用'於'字，盖
'于'、'於'二字在周时为古今字，而假借字不同。段兄的书，
并不只着眼于字形，就字论字，而是用'六书'理论全面正确地
分析了中华汉字的形、音、义，以音韵为骨干进行训诂。国朝搞
经学、文字学的人很多，就《说文》而言，眼下有四人研究，而
段兄的书可说是四家中之巨擘。其余三家，王筠的《说文释例》、
《说文句读》，侧重于形；桂馥的《说文义证》，偏重于义；朱骏声
的《说文通训定声》注重于声。唯独段兄的书是形音义并重，能
以三者互相推求。所以段兄的这部书，可以说是说文解经最有权
威的著作，是一千七百多年以来没有见到的天下奇书，我这样评
说，决非溢美谀辞。段兄的书阐明了许书的体例，以许注许，订讹
正误。我要代天下的读书之人，称你为朴学宗师。"

王念孙对该书的评价是恰如其分的。辛勤劳动出硕果，功夫

不负有心人。段玉裁注释"说文"所花的时间和经历之艰辛，可歌可泣。

为学十分认真、治学也极其严谨的段玉裁，具有坚强的毅力，百折不回的求真务实和甘为人梯的精神。他对自己的学生陈奂要求是非常严格的。当然，陈奂没有辜负这位名师的教导与培养，也没有使他的母亲失望，他先后参加院试、乡试，中了秀才和举人，继而赴京都参加会试入榜，殿试又是金榜题名，中了状元。就在此次京都应试中，柳飞石这个儒林败类，花了5000两白银买得一个进士，捞到了为官的资本。

林芳霞经营的万隆米行生意兴隆，特别是儿子陈奂又一举成名，使她情绪高昂。一天她端坐在厅堂的红木椅子上，叫来儿子说，奂儿呀，你为陈家增了光，我也深感荣幸，你应该到段先生家去一趟，他现在是贫病交加，有时连锅都揭不开啊。你去，一方面向他老人家报个喜，同时也将我用的吉林人参和养身补气丸各带两盒给他，他不仅是你的良师，而且也是你的救命恩人啊！陈奂接着说，请娘放心，我一辈子都忘不了段先生对我的大恩大德，近期我一定去看望他。

陈奂沉思了一会儿说，娘，先生的家庭生计如此困难，我们能否设法给他家一些接济？林芳霞说，我也考虑过这个问题，但他家人口多，我们只能救他家的急，无法济他家的穷啊。

林芳霞叫着，奂儿，我告诉你一件事，你的先生注释"说文"真是到了如醉如痴的程度了。曾经有一次，我坐着马车去无锡同一位米商洽谈一笔生意，晚上回来，途经寒山寺枫桥旁，忽然听到不远处有人在惨叫，我让驾轿人勒马停轿，走近一看，有一个人跌进麦田旁一深沟里，正哎哟哎哟地呻吟着。驾轿人和我，一个往上托，一个往上拉，将他扶到路旁，我仔细一看，原来就是你的段先生。我们扶他登上绛轿，带到家里让他躺在床上，他还不时地发出疼痛的呻吟。我迅即派人请来名医王顺生为他检查治疗，医生说他是右腿骨折断，伤势很严重。经过医生敷药后我们将他送回了家。

林芳霞接着告诉儿子，你知道他为什么会跌倒在深沟里？据说，段先生注"说文"看到一句谚语是"稻秀黄昏麦秀鬼"，他为了弄清"麦秀鬼"的"鬼"字究竟指的是什么，那麦秀的过程又是怎么个情况，就夜晚去麦田察看麦子扬花结秀，结果不小心跌进了深沟。这个老夫子这是何苦啊！陈奂说，娘啊，这就是一种认真做学问的可贵精神，原来人们说的"稻秀黄昏麦秀鬼"的"鬼"字就是指的夜晚，这个字谜就是这样被他解开了！林芳霞说，唉，这种精神诚为可贵，可是，如果跌死在沟里，岂不是可悲啊！

十六、铁骨支贫　苦耕砚田

一天，段玉裁正在埋头写作，妻子走进他的书房高兴地说，官人啊，告诉你一个喜讯，大孙媳妇生了个胖小子啦！段玉裁放下手中的笔，噢了一声说，现在我家又增加一代人，我们是五代同堂啦。他刚站起身准备去看看，妻子说，这不行，你不能进产妇房间。段玉裁若有所悟地敲着自己的脑袋又坐下，他问妻子说，孩子刚生下吗，几斤重？妻子回答，孩子刚落地，体重七斤。段玉裁看着夜幕已经降临，屈指一算，对妻子说。你记住，孩子的出生时辰是申时三刻。他深思了一会儿，自言自语地说，添了曾孙，确是一件大喜事噢，但在我们这个穷家中，又添了一张嘴巴啦。可以看出段玉裁的心情是矛盾的，虽说是增一代人加一分天伦之乐，可是他贫病交加，乐从何来！

正在段玉裁夫妇喜得曾孙之际，万房爷带着家丁来到段家，追要购房欠款。主人礼貌地请客人就座用茶，双方说了几句家常话后，万房爷说，先生辞官从文，在家写一本书叫《说文解字注》，是吗？段玉裁回答说，是啊。万房爷接着这个话题说，我姓万的虽然读书不多，但我也知道《说文解字》是东汉许慎所著，历代学者沿用至今，段先生为什么还要给它加注，这不是多此一举吗？段玉裁说，万先生此言差矣，明代为什么要重修《永乐大典》，我朝又为什么重编《四库全书》？前人之作，由于历史原因，不可能十全十美，后人就有必要给予不断完善，否则以讹传讹，为害后人。我文明古国和古文化，又怎能正确地发扬光大呢？

这时，万房爷支支吾吾，无言以对。他话题忽然一转，站起身耸耸肩说，段先生，你听说过没有，不久前浙江湖州一个读书人被杀之事，就是因为他写明朝末代皇帝崇祯，其中有些语言触犯了大清国朝，遭到杀身之祸，对此你要引以为戒啊。你注释"许书"，难道不怕定你以文乱政的罪名吗？

段玉裁说，坚持真理，修正谬误，是会有斗争，会有风险的，但如果怕风险，不去纠正谬误，这是我们对子孙后代极端不负责任的心态啊！

万房爷听出了段玉裁的话中有话，是对他的批评，于是他也以牙还牙地说，段先生，你身为举人，有官不做，搞什么文字游戏，你的脑袋真是不会算账。他叫一家丁拿来算盘，对段玉裁说，我来教你算一笔账，你段先生买我的房子还欠 800 银两，已经两年多本息未付，一共 25 个月，按月息百分之二计算，每月利息 16 两，16 乘以 25，利息共 400 两，加上本金 800 两，应还本息 1200 两。段先生，今日就请你把这笔账结清吧！

段妻拿出购房契约说，万房爷啊，房契上只是注明房款数，没有讲要付利息呀！万房爷以讥笑的语气说，段举人只是整天在家注"说文"，难道你段夫人也不知窗外事吗？请你到街坊去打听打听，十几年来，我都是按照这样做的嘛，既成习俗，就无须明文写进契约。

段玉裁对万房爷说，目前家中实无银两，同你商量推迟到今年九月底结清如何？万房爷说，段先生，我不信你家里真的没有银两，你当了十年县知事，说家里一点银两都没有，有谁能相信你这话？

段妻说，万房爷，我家先生已讲了还银两的时间，就请你宽限到九月底好吧？万房爷无可奈何地说，你们要言而有信啊！到时间再不结清，我绝不轻饶你们！他边说边带着家丁，气呼呼地走了。

妻子边流着泪边对段玉裁说，如此一大笔银两，到时候你拿什么去还哪？段玉裁说，夫人你别着急，最近我准备回金坛去一趟，将那20亩地卖掉凑钱还债。

段得莘听儿子说要回金坛卖地，他立刻说，金坛仅有的那20亩地，一分也不能卖！段玉裁说，爹，地非卖不可啊，否则到时间拿什么还债呢？

不日，段玉裁回到金坛，来到花山脚下的大坝头村。他首先到母亲史孺人的坟前，挖土填坟，焚香烧化纸钱，跪拜叩首，然后经过一番洽谈将20亩土地以400两白银卖出了。

一个夏日的深夜，段玉裁脱去上身脓疮粘连的衬衣，赤着膊在书房写作，不仅身上疥疮疼痛难忍，而且蚊虫叮咬，皮肤瘙痒，不抓又痒，抓了又痛。于是他走进卧室，点着油灯，钻进蚊帐，伏在凳子上继续写着。不慎火焰烧着蚊帐，段玉裁大声惊呼，妻子和家人都被惊醒，也惊动了四邻，他们奋起扑灭，由于抢救及时，未造成大的灾害。

火虽然被扑灭了，可是到了清晨段玉裁却晕倒在地。家人将他扶上床，开始他只是嘴唇抖动，发出吱吱的声音，继而两眼紧闭，嘴唇合上，呼吸和脉搏都十分微弱。全家人都惊慌起来，妻子急忙出门去请医生，正好碰上一名游医，请他诊治。这名游医翻开段玉裁的眼皮，摸摸病人的脉搏后说，患者是心病突发，已无法医救，你们为他准备后事吧！一家人放声痛哭，并再三要求医生予以抢救，可这个医生却摇摇头走了，使全家人焦急万分。

妻子于倩提出赶快去请名医王顺生。一会儿王顺生来到段家，通过检查脉搏和心脏，并在关键穴位上扎下银针，顿时段玉裁的嘴角开始蠕动，慢慢地两眼也睁开了。家人十分惊喜，段夫人高兴地说，王医生真是扁鹊神医呀。

王医生对段夫人说，段先生突然昏厥，主要是由于过度疲劳，睡眠不足，营养不良，造成体亏气虚，心力交瘁，从而产生休克。今后，只要平时注意营养和休息，很好地调理，应该能够逐步恢复健康。我开个处方，给他先服七帖中药。

接着不久，段玉裁90多岁高龄的父亲段得莘因病辞世。在兄弟和亲朋好友的安排下，段玉裁将父亲的棺枢运回金坛大坝头村，与母亲史孺人合墓。

此时的段家可说是雪上加霜。段玉裁的病需要服药调治，可是家里分文没有。妻子在无计可施的情况下，夹着一个包裹匆匆向城里走去。她来到观前街，站在街道旁叫喊，绸缎棉袄，6块银元，贱卖啦！谁要买，请看货。这时有几个妇女在围观，有的人用手翻来覆去，无心购买，嫌6块银元太贵，转身就走了，也有的人在讨价还价，结果4块银元就成交了。

接着，段玉裁的妻子又拿下自己头上的玉钗，叫喊，谁要买玉钗，真玉制品，12块银元。旁边又有许多妇女在围观。正在这时，林芳霞坐着轿子经过这里，她叫轿夫停下，走出轿看到是段玉裁的妻子在卖玉钗，这时双方都有些尴尬。于倩转身欲走，林芳霞叫着，夫人，你别走，这个玉钗听你说要卖12块银元，36块银元卖给我好吗？她心里说，段玉裁啊，你走到如此穷困潦倒的地步，真是可怜啊！

夜幕已降临，段玉裁躺在床上，美贞坐在爷爷床边。于倩拎着米袋和中药包回到家，由于她急忙要到卧室看丈夫，不慎被门槛绊倒。美贞迅速将奶奶扶起。段玉裁问妻子，你上街去干什么的呀？怎么到现在才回来？妻子回答说，我去街上为你配药，顺便买点米回来。

段美贞含着眼泪说，爷爷，奶奶为了配药买米，把她自己的一件绸缎棉袄给卖啦。段玉裁听说妻子为他配药卖了衣服，他深感内疚地对妻子说，冬天到了，棉袄要穿的呀，你怎么把它卖了？妻子说，配药买米急需要钱用呀，不卖怎么办呢？段玉裁说，上次王念孙寄来刻印书的 40 两银子，可以先安排用嘛。妻子说，那40 两银子在你上次生病和骨折时已用完了。段玉裁叹了口气说，真是到了山穷水尽的地步啦！

正当段玉裁夫妇满腹惆怅之际，林芳霞来到段家门前，她站在轿旁，叫轿夫扛着一袋米送给段家。在夜幕中，林芳霞眼看着轿夫敲开段家大门，将米搬进了室内，然后她坐上轿匆匆返回。

于倩和美贞打开袋口一看，原来是大米，袋内还放着一个小包，包内是一支玉钗。于倩知道这是林芳霞送来的，她怀着感激的心情将此事告诉了丈夫。段玉裁说，这是林芳霞对我们的谢意，其实她不需要这样，她这样做，反而使我们难处理。同时，他也感慨地说，天底下还是好人多呀！

段玉裁将出卖土地的 400 银两交给万房爷，还欠他 800 银两，原定九月底结清的时间迫近了，此时分文无着落。段玉裁夫妇心急如焚。一天，万房爷带着家丁来到段家，一走进门就声色俱厉地说，段先生，你言而无信，你答应九月底还清房钱，今天是九月二十九啦，为什么还不结清？本加利800两，再加6个月的利息96两，共欠896两银子，现在痛快地交出来，否则不要怪我不客气噢！

段妻拿出一个布包说，万房爷，这是我们全家的生活费36两银子，先还给你，其余的欠账，我们再想办法。万房爷将银两撒落在地说，不要用这对我搪塞！他手一挥叫同来的家丁进行搜查，一时间翻箱倒柜，将段家里里外外，搞得一片狼藉。段家人上前劝阻，不是挨拳打，就是被推倒在地。经过一番搜查后，同来的家丁向万房爷报告说，他们家里除了书本和半桶米外，其他什么都没有。万房爷对家丁们说，将他的书本全部都给我搬上车带走，作为房钱抵押！

段玉裁听说要将他的书本搬走非常着急，眼看那些家丁开始搬书箱，他使出全身的力气拼命争夺。

正在你争我夺的紧张时刻，万房爷家一女佣人匆匆来到段家，一见到万房爷急得一时话都说不出来。她喘了一口气说，家里出事了，少爷虎宝，在园林里游玩，用弹弓打鸟，不小心打中了一个山东游客的左眼。那个人抓着虎宝不放，请老爷迅速回去处理这件事。万房爷向同来的人挥手说，走！并叫着，段玉裁，等一会儿再来收拾你！

万房爷走后，天空突然电闪雷鸣，紧接着倾盆大雨。段家室内，特别是书房内狼藉不堪，全家老少都忙着收拾整理。

这时，段玉裁想支撑着身子站起来，但由于过去股骨曾被折断过，加上刚才那一阵用劲，已精疲力竭，站立困难。孙女美贞随即伸手去扶爷爷。妻子叫段玉裁上床休息。段玉裁说，不，我能站起来，我一定要站起来！我跌断一根股骨，可我身上还有很多跌不断的铁骨，它能支撑我站起来！

妻子走进书房对段玉裁说，万房爷马上又要来逼债了，你整天写作不停，还是去想点办法吧。段玉裁说，不耕砚田无乐事，我又能有什么办法呢？妻子摇摇头说，我看你能不能去请江声先生设法为我们借点银两？段玉裁说，不用啦，借债要还。妻子说，不借债用什么还房钱呢？段玉裁说，出卖家产还债，先卖家具，再卖衣物，最后卖房子。妻子说，衣物卖了穿什么？房子卖了住什么？段玉裁说，这就叫铁骨支贫嘛！

段玉裁放下手中的笔说，我们的还债计划就从现在开始吧。他走到墙角盆竹前，自言自语地说，翠竹啊，你跟随我从四川到金坛，又从金坛到姑苏，转瞬将 30 年了，你不畏寒暑，四季一色，不怕权势，劲节高尚。今日委屈你，暂离我的书房，我要出卖你登身的木几。他说罢，拿着木几，一瘸一拐地向街上走去。

段家人也随后将木床、桌椅和衣柜等向街上搬运，集中到观前街上叫卖。段玉裁来回招呼着说，这批旧货廉价出售，请大家快来买呀！街道上的行人停步围观，妇女们翻看旧衣物。有人说，这不是段举人吗？他怎么穷到这个地步？段玉裁似乎听到有人在议论他，他抬起头对围观者自嘲地说，我段某过去辞官从文，现在又弃文从商。人们看着这样的现状，都为之啧啧叹息不已。

天公不作美，不时下着阵雨，段家人浑身泥雨，只好将未卖出的家具和衣物搬回家。段玉裁回到家已是精疲力尽，默默地躺在床上。就在此时，新科状元陈奂的锦绣花轿来到段家门前，他走出轿门直奔段家，左邻右舍的人们顿时将段家门庭围得水泄不通。

　　陈奂一见段玉裁躺在床上，又见全家人的那种狼狈相，室内杂乱无章，深感惶恐。在他心境稍感平静后，向段玉裁夫妇跪拜并询问先生近况。段玉裁迅即坐起，并请陈奂就座。段家人见到陈奂的到来，高兴地忘了刚才发生的一切。段妻急忙招呼陈奂用茶。

　　陈奂对段玉裁夫妇说，我从京城回来以后，我娘将你们家近来的情况都告诉我了，她表示，你们家有什么困难和急需，可尽力帮助，我相信天无绝人之路，你们的困难处境是暂时的，凭先生的德才，凭先生为世人所作出的功绩，我相信定会得到好回报的。

十七、苦尽甘来　著传千载

嘉庆皇帝端坐在养心殿的龙椅上，王念孙被传令进殿，他跪拜并连呼吾皇万岁！皇上赐平身。

嘉庆帝御示：大学士和坤擅权受贿，贪赃枉法，乱我朝纲，你上疏弹劾有功，命你为永定河道。王念孙跪拜说，谢主龙恩！这是嘉庆四年的事。

王念孙并呼吾皇在上，臣尚有奏章呈上。嘉庆帝阅后说，所禀段玉裁为许慎《说文解字》作注一事，朕已知情。当今，我大清国朝经学大盛，作文字训诂之人较多，应嘉奖成就卓著者，待朕同翰林院商议后，再作定论。

龚自珍和段美贞成婚之日已经迫近，段驯同丈夫商量说，官人啊，自珍迎娶之事，我爹家贫如洗，只能穷嫁女呀，一切应由我们来安排才是。龚丽正说，是呀！我们最好带一些银两去一趟苏州，同他们具体商量一下，莫使他们为难。段驯说，这样就请官人安排时间，我们带自珍一起去苏州。

嘉庆十九年（1814）秋，一天中午，段家人忽然听到外面由远至近的阵阵喇叭声，很多围观的人随着喇叭声拥向段家门前。段玉裁夫妇不知发生了什么事，便走出家门探视。

为首的京差手捧圣旨来到段家门前，跟随其后的有吴县知事唐陶山，还有姚鼐、江声和阮元。阮元补授江西巡抚，顺道来拜谒段玉裁。

段玉裁及家人龚丽正和龚自珍等都跪拜在地。

京差展开圣旨宣读，大清嘉庆皇帝谕旨：段玉裁，苦耕砚田注"说文"，功绩盖许慎，泽被今后人。特赐"七叶衍祥"御匾一块、对联一副、白银六千两、绸缎六百丈。段玉裁接旨后，差役将御匾、御联、白银和绸缎等如数点交。

段玉裁高呼皇恩浩荡，谢万岁！段氏全家也都跪拜高呼皇上万岁，万岁，万万岁！

段玉裁将御匾悬挂在正厅，将"苦耕砚田泽被乾坤，博注经文功盖许慎"的楹联分挂在两旁。

段玉裁招呼京差及其同行还有唐陶山等到客堂就座用茶。

段玉裁紧握着来人的手，热泪盈眶地说，衷心感谢你们的关心与支持，玉裁终身不忘。

阮元说，若膺师，请你多保重，我将随唐知事去吴县县衙，稍作停留，即赴南昌就任，后会有期。

人们回顾段玉裁身为举人、朝廷命官和七品知县的经历，如果他善于玩弄权术，可以不断升迁，获取荣华富贵。然而，段玉裁不念仕途，未及天命之年，便辞官还乡，苦耕砚田，注释"说文"。他在黔川任知县十年期间，勤政廉洁，经常深入百姓之中，体察民情，为民做主，帮助解困。他在四川富顺县任知事期间，无私无畏，冒着生命危险做民族团结工作。

特别是他离开仕途以后，以"不耕砚田无乐事，不撑铁骨莫支贫"的坚强毅力，认真负责、专心致志地为许慎的《说文解字》

作注，前后达 38 年之久，写成《说文解字注》31 篇。在这期间，他经历了无数日日夜夜，遇到很多艰难险阻，特别是在他晚年贫病交加、穷困潦倒之际，注释"说文"有始有终，从未停止。他的认真负责精神和文德双馨的品德令后人十分敬佩。

段玉裁的一生是极其光辉的。特别是他在后半辈子坎坷的人生道路上作出了不平凡的贡献，虽历经艰辛，但终有所成。如果用"山重水复疑无路，柳暗花明又一村"的诗句描绘他的人生晚景，应该是比较切合实际的。

段家自从接到圣旨和荣获朝廷的奖赐后，全家人都感到生机勃勃，精神抖擞。特别是段玉裁，40 年苦耕砚田注"说文"，终于结出硕果，数十年的紧迫感已经成为过去，现在他感到一切都很轻松自如。

五月端午，段玉裁、江声等应吴县知事之邀，在苏州石湖上观赏竞渡龙舟。江声边看湖中龙舟你争我夺，边感慨地说："诗人屈原投江至今已 2000 年啦，一个爱国者，为社稷作出贡献的人，后人是不会忘记他的。"

段玉裁答话说："汨罗江上，千古悲风，国人世世代代怀念着这位大诗人啊！"江声说："屈原的《九歌》、《离骚》是千古绝唱。"段玉裁说："诗人的《天问》、《九章》更是悲壮豪放。"

江声和段玉裁在交谈中，屈原的诗句引发出了他们的诗兴。江声随口吟诵：余将董道而不豫兮，固将重昏而终身。段玉裁接着吟诵：路漫漫其修远兮，吾将上下而求索。

唐陶山听着江声和段玉裁吟诵古诗，也感慨地说："二位吟诵屈原的诗，更使龙舟士气倍增。"

在石湖上，一对对龙舟时而并肩齐进，时而激流争先，你争我夺，互不相让。岸上观看的人群，不时欢声雷动。

就在龙舟竞渡结束前，段玉裁站起身对唐陶山说，谢谢唐大人的安排，今天是老夫有生以来最快意的时刻。

嘉庆二十年（1815）春天，段玉裁的《说文解字注》开始在印书馆印刷，浩繁的校对工作开始了，亲人朋友，弟子同仁云集姑苏。

《说文解字注》第一篇的一部、二部、示部、王部、玉部、珏部、气部、士部、艹部等，由苏州的顾广圻和胡文水校字。

第二篇的小部、八部、采部、牛部、犛部、告部、口部、走部、止部、癶部、步部、是部、辵部、彳部、廴部、齿部、牙部、足部、品部、龠部、册部等，由苏州的弟子陈奂校字。

第三篇的㗊部、舌部、谷部、言部、誩部、舁部、爨部、革部、鬲部、孔部、鬥部、又部、支部、聿部、隶部、殳部、杀部、皮部、攴部等，由嘉兴的沈涛和江都的汪喜孙校字。

第四篇的目部、鼻部、䀠部、羽部、隹部、羊部、鸟部、幺部、予部、骨部、肉部、刀部、耒部、角部等，由安徽桐城姚鼐和山阴的李宏信校字。

第五篇的竹部、丌部、曰部、兮部、鼓部、豆部、虍部、皿部、丹部、皂部、卣部、食部、缶部、矢部、啬部、麦部、舛部、韦部等，由杭州梁玉绳和山阳汪庭珍校字。

第六篇的木部、生部、毛部、囗部、贝部、邑部等，由仪征阮长生校字。

第七篇的日部、扒部、晶部、月部、夕部、齐部、片部、禾部、黍部、香部、米部、臼部、韭部、瓜部、宀部、穴部、疒部、巾部、白部等，由歙县江有诰和严元照校字。

第八篇的人部、匕部、丘部、壬部、衣部、老部、毛部、尸部、尺部、舟部、见部、欠部等，由桐城的章甫和王念孙的儿子、工部尚书王引之校字。

第九篇的页部、乡部、彡部、厄部、卩部、辟部、勹部、包部、鬼部、山部、广部、厂部、丸部、石部、豖部、互部、豸部等，由苏州的徐颐校字。

第十篇的马部、鹿部、犬部、鼠部、火部、黑部、赤部、大部、夭部、尢部、本部、立部、心部等，由黟县胡积城和翰林院庶吉士、仪征的阮元校字。

第十一篇的水部、谷部、雨部、鱼部、龙部、飞部等，第十二篇的至部、卤部、户部、门部、耳部、手部、女部、氏部、戈部、琴部、甾部、瓦部、弓部、系部等，第十三篇的虫部、风部、龟部、黾部、土部、田部、力部等，由胡积成校字。

第十四篇的金部、且部、斤部、斗部、矛部、车部、兽部、辛部、子部、寅部、酉部、亥部等，由胡积城和德清的许宗彦校字。

第十五篇阐述了文字学的理论并次第列出了三百五十个部首。这最后一篇由段玉裁的女婿龚丽正进士校字。陈奂和江沅为这部巨著写了跋文和后叙。

段玉裁的这部一百二十八万字的鸿篇巨作《说文解字注》，经过近40年苦耕砚田之艰辛，终于全部刊成面世。正当他开始灿烂晚景、穗盈神州之时，嘉庆二十年（1815）九月八日，这位一代朴学宗师，却与世长辞了，享年81岁。

段玉裁所著《说文解字注》一出，便使得当时其他众多"说文学"著述黯然失色，段氏弟子江沅在为该书所作的后序中说：

"沅谓世之名许氏之学者夥矣，究其所得，未有过于先生者也。许氏著书之例以及所以作书之旨，皆详于先生所为注中。"《说文解字》的主要内容，就是诠释所录 9353 个文字的本义。段氏诠释许书，其要点也在于此而又不仅仅局限于此。经史百家，字多假借；或用其本义，或用其引申义。段氏之注，往往旁征博引，钩稽辩证。何为本义，何为假借义，何为引申义，据之皎然而俱明。段玉裁师承戴震，仍沿袭自汉儒以来的传统，将文字学与经学结合在一起。陈奂在《说文解字注跋》中称引段氏语说："昔东原师之言：'仆之学不外以字考经，以经考字。'余之注《说文解字》也，盖窃取此二语而已。"段氏是基于明小学则易明经学、通文字则易通经义的观点撰写其书的，但是其书实际上全面而比较客观地研究了文字本身，研究了文字的形和音、义及其相互关系，绝不能仅仅以一般的经学附庸去看待它。段氏创作的实际效果超出于其动机之外，他奉献给人们的是一部文字学要籍。清代"说文学"在我国文字学史上占据极为重要的位置，而占据"说文学"峰巅的则正是段氏《说文解字注》这部成就卓越的煌煌巨制。

具体说来《说文解字注》的主要成就有五项。

一、增删改订，做了大量恢复许书原貌的工作

王筠在《说文释例序》中说："《说文》屡经窜易，不知原文之存者尚有几何！"力图还许书之旧，这是段玉裁和其他"说文家"念念不忘的一件大事。由汉至唐，世多沧桑。特别是天宝年后，战乱频仍，书籍传承艰难颠踬。《说文》其书之传布，亦必不免于塞剥。唐末之后，尚流行的就只有李阳冰的刊定本了。至

宋代，先是二徐（徐铉、徐锴）的两个本子通行，继而李焘的本子取代二徐，许氏原本遂杳然远隔。段氏运用考据学、校勘学的手段，以大徐本为依托，综考小徐本及其他本子，并广泛参酌宋以前群书所引《说文》词句，正其错误，订其衍夺，对《说文》做了大量增删改订。例如

茑：寄生草也。（段注："草"字各本脱，依《毛诗正义》补。）（艸部）

识：常也。（段注："常"当为"意"字之误也。草书"常"、"意"相似。六朝以草写书，迨草变真，讹误往往如此。）（言部）

獭：水狗也。（段注：小徐作"小狗"，大徐作"如小狗"。今依《广韵》订。）食鱼。（段注：大徐上有"水居"二字，乃上文作"如小狗"，因妄增。）（犬部）

民：众萌也。（段注："萌"，古本皆不误。毛本作"氓"，非。古谓民曰萌。）（民部）

辎：辎骈，衣车也。（段注：五字依《定·九年左传正义》所引。）骈，车前衣也；车后为辎。（段注：九字依《文选》任彦昇《策秀才文》、刘孝标《广绝交论》二注所引。）（车部）

段氏之校勘是细密而精审的。后来同治年间，莫友芝觅得唐写本《说文解字·木部》残卷。残卷凡188字，音纽古于小徐所采之朱翱音和大徐所采之《唐韵》。莫氏根据残卷中对于唐代帝王名讳字的避忌情况，推断其书成于文宗朝。此唐本显然非李阳冰刊定本。即便非许氏旧本，当亦不至于差异很大。将段氏的校正与该残卷对照，颇有密切吻合处。例如：

楗：距门也。（段注："距"，各本作"限"，非。今依《南

都赋注》所引正。《老子释文》亦作"距门也"。）

栅：编竖木也。（段注："竖"，各本作"树"，今依《篇》《韵》正。《臤部》曰："竖，竖立也。"《通俗文》曰："木垣曰栅。"）

唐写本残卷二例正作"距门也"、"编竖木也"。再如"盟"字，大徐本作从血（小徐本同），段氏改作从皿。道光年间冯桂芬从日本得影宋本《说文系传》，字正作从皿。

经段氏改订的《说文解字》虽不能遽视作许氏旧本，但可以说它把传世《说文》跟许氏旧本的距离缩小了一大步。

二、阐释义例，增强《说文》的可读性

《说文》之说解艰深难懂。虽然许慎著书自有义例，但是他并未将义例一一明示。（古时著书，概无今所谓"凡例"之类。）这就加大了阅读的困难。于许氏义例，后人陆续有所发明，但皆未能尽得。就是二徐，虽然他们的研究创获颇多，但对于许氏义例也都阐释得很少；有的问题虽作了阐释也失于不当。而段氏对于许氏义例融会贯通，发明良多。读《说文》者，可以段氏之《注》为津梁。

段氏阐释的方式是由释字而及释例，由具体而及一般。例如：

1. 关于列部属字之次第

《说文》列 540 部首以统率 9353 个文字。部首之排列，《叙》中称是"据形系联"，段氏作明确解释："凡部之先后，以形之相近为次。"（一部末），而对于部首所辖文字之排列，虽许氏无说，然而并非无序；段氏则指出其乃"以义之相引为次"（同上），即以单字之义及群字之义类相互间的联系作为排列次序的根据。

2. 关于列出篆文及古文、籀文之先后

《说文》以篆文即小篆为正字，兼容（六国）古文和籀文。段氏谓："凡《说文》一书，以小篆为质。"（上部"上"）又谓："许以先篆后古、籀为经例，先古、籀后篆为变例。变例之兴，起于部首。"（二部"凡"）所谓变例，是指：如果部中所辖字之所从者写法不同于篆文而同于古文或籀文，那么就先列出古文或籀文作为部首字，后列出篆文作为异体。

3. 关于文字形、音、义的说解

段玉裁谓《尔雅》一类为义书，《声类》一类为音书，《说文》则为形书。他说："许书凡篆一字，先训其义，若'始也，颠也'是；次释其形，若'从某，某声'是；次释其音，若'某声'及'读若某'是。合三者以完一篆，故曰形书也。"（一部"元"）"音"和"义"是属于"语言"的，只有"形"是属于"文字"的，讲文字必以"形"为主体，为归宿。段氏所揭明的释字三部曲，说到底是为了一个"形"。

许书多有言"一曰"者。段氏谓："凡一曰，有言义者，有言形者，有言声者。"（示部"祝"）即是说，"一曰"或表别义，或表别形，或表别音。

三、分析六书，剔发出某些深刻意蕴

许慎在《说文》中对六书给出定义并举出例字，但是他的定义说得十分简单，每一书的例字又只有两个，因此表述很欠明晰，给后人留下了极大的推论与辩难的余地。段玉裁对于六书的阐释详于《说文叙注》之中。其说或源于前人而高出前人，或自出新意。比如他以"专"与"博"来概括象形与指事的区别："形谓一

物，事晐（赅）众物，专博斯分。"谓"日"、"月"各是一物，故为象形；"上"、"下"概括多物，故为指事。仅就许氏举出这四字的用意而言，段氏此说实在是深中肯綮。

段氏明确提出："有独体之象形，有合体之象形。""合体者，从某而又像其形……独体之象形，则成字可读；附于从某者，不成字不可读。"他认为，合体象形是半象形半会意，一字而兼二书。他认为，合体象形所不同于会意者在于：会意是两体皆可单独成字，而合体象形是一体成字，一体不成字。这样段氏便教给了人们一个极易掌握的尺度，让人们能从字理上认识"果"、"眉"这一批与"木"、"目"结构异趣的象形字。

关于转注，戴震认为转注即互训。段氏则将互训限制在同部之中，认为转注即同部互训。这应该是转注诸说中较为合理的一种意见。

四、因声求义，丰富语言学理论

戴震在《答段若膺论韵书》中，向他的得意门生提出了依据《六书音均（韵）表》以声统字，重新编排《说文》9000多字的建议。段玉裁虽没有如戴氏所设想的那样重编《说文》，但他在为《说文》所作的注中将老师"因声求义"的主张理论化，并付诸实施。段氏在示部"禛"字注中明确指出："声与义同原（源），故谐声之偏旁多与字义相近。"

段玉裁根据《诗经》之用韵和谐声情况所作的《六书音均（韵）表》，分古韵为6类17部。该表共分五表，附载于《说文注》之后。段氏在分析字形、字义和过录大徐本切音之外，逐字注明其字古音在第几部，或直言在第几部，"俾形、声相表里，因端推究，于古形、古音、古义可互求焉。"他在《表一》中说："一声可谐万字，万字而必同部。"在《表三》中说："假借以音为主"，"假借异义同字，其源皆在音均（韵）"。段氏在其注释中并不是只看字形就字论字，而是十分注意以音韵为关键，形、音、义三者互推求。例如：

谤：毁也。（段注：谤之言旁也。旁，溥也。大言之过其实。《论语》"子贡方人"，假方为谤。）从言旁声。（段注：补浪切。十部。）（言部）

晤：明也。（段注：晤、旿、晄、旷四篆不必专谓日之明，然莫明于日，故四字皆从日而厕于此也。晤者，启之明也。心部之悟、寤部之寤，皆训觉；觉亦明也。同声之义必相近。）从日吾声。（段注：五故切。五部。）（日部）

襛：衣厚貌。（段注：此农声之字皆训厚。醲，酒厚也。浓，露多也。襛，衣厚貌也。引申为凡多厚之称。《召南》曰："何彼襛矣。"《唐棣之华传》曰："襛犹戎戎也。"按《韩诗》作莪莪，即戎戎之俗字耳。戎取同声得其义。）从衣农声。（段注：汝容切。九部。）（衣部）

北宋时代，王圣美提出"右文说"，大意是说：形声字之义符（多居左，称"左文"）只表示字义类别，声符（多居右，称"右文"）才表示核心意义。然而王氏之说，论证单薄，相当肤浅。段玉裁吸取了王氏"右文说"及其他前人同性质言论的合理内核，凭借古音学研究的成果，得心应手地运用因声求义的方法来说文解字，成就了形、音、义互求的系统化理论，从而使传统字义研究提高到一个带有质变性质的新的高度。

显然，段氏之说涉及到语源问题他同力主从声音以通训诂的训诂学大师王念孙一起，丰富了我国的语言学理论。《说文注》给后来人以巨大的启迪。另一位"说文学"大家朱骏声的《说文通训定声》在语源研究方面卓有成效，正是由于有段氏的研究导夫先路。

五、训义细密，推动训诂学的发展

《说文注》对于字（词）义的训释细密而精湛，这突出地表现在如下几个方面。

1. 区别同义词

《说文》训义，有时是以析言并释两字，旨在区别同义词。但多数情况是一字一训，浑言训之。而在段氏书中，凡有同义词者，大致都采取析言的方法来训义。例如：

祥：福也。（段注：凡统言——昀按：即浑言——则灾亦谓之祥，析言则善者谓之祥。）（示部）

呻：吟也。（段注：按，呻者，吟之舒；吟者，呻之急。浑言则不别也。）（口部）

眷：顾也。（段注：顾者还视也，眷者顾之深也。顾止于侧而已，眷则至于反。）（目部）

疾：病也。（段注：析言之则病为疾加，浑言之则疾亦病也。）（疒部）

奔：走也。（段注：门外谓之趋，中庭谓之走，大路谓之奔。此析言之耳，浑言之则奔、走、趋不别也。）（夭部）

这样，段氏的注释就将同义词在性质、情态、方式、程度等等方面的差别一一揭示出来了。

同义词之差别在于通语与方言之殊者，段氏亦予以指出。例如：

腇：烂也。（段注《方言》："腇，熟也。自关而西，秦、晋之郊曰腇。"按，内——昀按：指关内——则作濡。）（肉部）

2. 区别本义与引申义

《说文》专释本义，而段氏之注则以本义为纲，兼领引申义。《说文》偶有以引申义夺本义之误，段氏亦予以是正。例如：

天：颠也。（段注：颠者，人之顶也，以为凡高之称。然则天亦可为凡颠之称，臣于君子于父妻于夫民于食皆曰天是也。）（一部）

特：特牛也。（段注：特本训牡。阳数奇，引申之凡单独之称。）（牛部）

膺：匈（胸）也。（段注《鲁颂》："戎狄是膺。"《释诂》、《毛传》曰"膺，当也。"此引申之义。凡当事以膺，任事以肩。）（肉部）

演：长流也。（段注：演之言引也，故为长远之流。《周语注》曰："水土气通为演"，引申之义也。）（水部）昀按：又《说文叙》演赞其志。（段注：演，长流也。故凡推广之曰演也，文王演《周易》是也。）

羞：进献也。（段注：宗庙犬名羹献，犬肥者献之。犬、羊一也，故从羊。引申之凡进者皆曰羞。）（丑部）

古人的语法观念多体现在训诂之中。段氏书中分析词义引申也往往融贯进语法观念。例如：

禀：赐谷也。（段注：凡赐谷曰禀，受赐亦曰禀。引申之凡上所赋、下所受皆曰禀。）（向部）

观：谛视也。（段注:审谛之视也。《榖梁传》曰："常事曰视，非常曰观。"凡以我谛视物曰观，使人得以谛视我亦曰观。犹之以我见人、使人见我皆曰视。一义之转移，本无二音也。）（见部）

骑：跨马也。（段注：两髀跨马谓之骑。因之人在马上谓之骑。今分平、去二音。）（马部）

前例，是说的两个层次的引申：由主动义引申出被动义（"亦曰"为表引申之辞），再由专指义引申出泛指义。中例，是谓主动义为本义，使动义为引申义（"转移"即指引申）。后例，则指出其词兼动、名二类词性，动词义为本义，名词义为引申义（"因之"表明引申线索）。

引申问题，前人偶有零散的叙述，皆非有意识的探索。而段氏书中谈引申达1100多条，涉及引申义产生的多种类型，几乎面面俱到。许威汉先生在《训诂学导论》中说"关于词义引申问题的阐述，与其说段玉裁是集大成者，毋宁说是首创者。"若将其书中关于引申的内容加以系统整理，当可成就一部我国最早的词义引申专书。《说文注》的训诂，特别是其将引申的研究归入训诂，拓宽了传统训诂学的领域，推动了训诂学的发展。至于段氏对诸如"主动·被动"、"以动兼名"等语法观念的明确分析，特别是将它们纳入引申范畴，则含有现代语法学的意味，充分表现出其先知的睿识。

3．区别本义与假借义

许书对于假借义概无交代，段氏作注则予以揭明。看段氏书，可知某字在古籍中是否借他字为之，是否为他字所借，是否常借他字为之或常为他字所借。例如：

敌：仇也。（段注：古多假借适为敌。《史记》："适人开

户"、"适不及拒"。）（攴部）

殣：道中死人，人所覆也。（段注：今《小雅·小弁》作
"墐"，《传》曰"墐，路冢也。"按，墐者假借字，殣者正字也。）
（歹部）

夤：敬惕也。（段注：此与十二辰之寅义各不同。《释诂》
云"寅，敬也。"凡《尚书》寅字皆假寅为夤也。汉、唐碑多作夤
者。）（夕部）

段氏在《说文·叙》的注中说："大抵假借之始，始于本无其
字。及其后也，既有其字而多为假借。"这两种假借，实质不同。
所谓经籍多假借，只是指的"既有其字"的假借（今多称为通
假）。段氏在论列这种假借之外，对于"本无其字"的假借也有所
揭示。比如他在"譣：问也"之"按"中即说：言部"讖，验
也"，竹部"签，验也"；验在马部，为马名，然则云征验者，于
六书为假借。

由上述五个方面，可见段书之博大精深。尤其令人叹服的是，
段氏虽未精研金石文字，亦未及见到甲骨出土，但是他的一些意
见竟能与甲骨文、金文相契。比如：论上部之"上"、"下"二字
古文当做"二"、"二"，删二徐本"上"、"下"二篆，以"⊥"、
"丅"为篆文；所列形体正与甲、金写法暗合。改火部之"燓"为
"焚"，将许氏说解"从火棥，棥亦声"改为"从火林"，亦与甲骨
文的写法吻合。戈部"或"字下注云："盖或、国周时为古今
字"；查周代彝铭，"国"字正是多写作"或"。

段玉裁《说文注》以文字学而兼容音韵、训诂之学。它不仅
堪称"说文学"之经典，亦可视为音韵学、训诂学之要著。与段
氏为挚友的王念孙为段书作序称"吾友段氏若膺于古音之条理察

之精，剖之密。尝为《六书音均（韵）表》，立十七部以综核之，因是为《说文注》。形声、读若，一以十七部之远近分合求之，而声音（音韵）之道大明。于许氏之说，正义、借义，知其典要，观其会通。而引经与今本异者，不以本字废借字，不以借字易本字。揆诸经义，例以本书，若合符节，而训诂之道大明。训诂、声音明而小学明，小学明而经学明，盖千七百年来无此作矣。"王氏意谓：自许慎著《说文》以来直至当时，研究许书唯段氏一人之成就登峰造极。我们这里理应再续上一点意思：自段氏作《说文注》以来直至目前，亦无第二人之成就可与之相比匹。

金无足赤。当然段书也并非无可挑剔。除了一般的封建观点之外，段氏的缺点主要是有时在没有充分根据的情况下擅自改动《说文》。王筠就在《说文释例序》中说"段氏书体大思精，所谓通例，又前人所未知；惟是武断支离时或不免，则其蔽（弊）也。"段氏改动大徐本字句，增删改写篆文，皆有未当之处。比方说，衣部"裒"字，各本及《玉篇》《集韵》皆训作"衣裾也"，段氏则改为"衣裙也"。"裾"为衣边，"裒"之"下垂"、"边远"、"久远"义皆得由此而生，自不必改"裾"作"裙"。至于改木部"本"、"末"二篆作"木"下着"丁"（下）、"木"上着"丄"上，则尤为可讥。

此外，有些地方，许氏错解字形，误释字义，段氏未能更正，反而为之弥缝。爪部"为"字，许训"母猴"本涉荒诞，段氏则强引《左传》辗转为之辩解；并注"下腹为母猴形"曰"上既从爪矣，其下又全像母猴头目身足之形也"，则更纯属臆测。午部"午"字，许训"五月阴气午逆阳，冒地而出也。此与矢同意"，显然是辨形训义两误。段氏改"午逆"为"牾逆"，引《汉书·律历志》《淮南子·天文训》《广雅》《仪礼》等详注"五月"一句；于"与矢同意"则注曰："矢之首与午相似，皆像贯之而出也。"其实，"午"为"杵"本字，象形。段氏不知，乃强为许氏圆其说如此！

对于六书之指事，可以说段氏的观念是模糊的。因而在书中，寸部"寸"字被认作会意，刃部"刃"字结构无说。（上述对"本"、"末"二篆的改动，原因也在于此。）

最后，引用王力先生《中国语言学史》中的话来作为对段玉裁及其《说文解字注》的客观而全面的评价："段氏'说文之学'独树一帜，影响非常之大。""他是许氏的功臣，又是许氏的诤臣。他赶上了许氏又超过了许氏。""段书精当的地方甚多，令人惊叹；虽有缺点，终是瑕不掩瑜。在《说文》研究中，段氏应坐第一把交椅，那是毫无疑义的。"